高等职业教育精品教材财经系列

会计学基础

（非会计专业）

马迎迎　主　编

李丽琴　李跃进　郭安琪　副主编

電子工業出版社

Publishing House of Electronics Industry

北京 • BEIJING

内 容 简 介

本书针对非会计专业学生对“基础会计”相关知识的需要和学习规律，科学设置教学内容和学习目标。全书由三篇九个项目组成，分别是会计基础认知篇、会计方法运用篇、会计工作流程篇。每个项目设置学习任务，在任务实施前设置学习目标，明确学习任务，在项目最后设置知识巩固，以增强学生对各项目内容的理解和掌握。此外，书中还穿插一些必要的思考与提示，以丰富学生会计知识。

本书既可以供非会计专业学生学习、掌握会计相关基础知识与技能，也可作为相关从业者的参考用书。

图书在版编目（CIP）数据

会计学基础：非会计专业 / 马迎迎主编. —北京：电子工业出版社，2020.12
ISBN 978-7-121-38057-0

Ⅰ. ①会… Ⅱ. ①马… Ⅲ. ①会计学－高等学校－教材 Ⅳ. ①F230

中国版本图书馆 CIP 数据核字（2019）第 271492 号

责任编辑：贾瑞敏　　特约编辑：曲　莎
印　　刷：北京捷迅佳彩印刷有限公司
装　　订：北京捷迅佳彩印刷有限公司
出版发行：电子工业出版社
　　　　　北京市海淀区万寿路 173 信箱　邮编：100036
开　　本：787×1 092　1/16　印张：12　字数：307.2 千字
版　　次：2020 年 12 月第 1 版
印　　次：2023 年 2 月第 3 次印刷
定　　价：42.00 元

凡所购买电子工业出版社图书有缺损问题，请向购买书店调换。若书店售缺，请与本社发行部联系，联系及邮购电话：（010）88254888，88258888。

质量投诉请发邮件至 zlts@phei.com.cn，盗版侵权举报请发邮件至 dbqq@phei.com.cn。

本书咨询联系方式：（010）88254019，jrm@phei.com.cn。

前　　言

会计学是一门专业性、应用性极强的学科，属于经济管理科学。它的理论与方法随着社会的发展及管理的需要而不断发展和创新。社会生活各个领域的经济管理活动都与会计密切相关，任何一个组织的管理工作者都需要具有会计思维，懂得会计基本理论。

高职教育担负着为国家培养高素质、技术技能型人才的重任，其中行政管理专业、物业管理专业、国际经济与贸易专业等非会计专业未来从事现代经济管理工作和其他相关工作的人才，同样需要具备充足的会计知识和一定的会计技能，以帮助他们更好地胜任本职工作。本书正是针对高职非会计专业学生编写的会计入门教材。

编者团队根据十多年的一线教学经验，结合高职非会计专业人才培养目标，吸收了很多专业会计教材的长处，编写了本书，以期更好地切合非会计专业学生对会计知识学习的需要。本教材的特点如下。

1．新。在教学内容编写上吸收了财政部下发的新文件精神，以中华人民共和国财政部（财政部）、国家税务总局、中华人民共和国海关总署（海关总署）2019 年发布的《关于深化增值税改革有关政策的公告》等最新财税法规为编写依据，力求体现新准则、新制度、新规定。

2．专。与会计专业《会计基础》教材不同，本书特别关注高职非会计专业学生的知识背景情况和初学者的学习规律，基于成果导向理念，本着“理论够用、适用为限”的原则设计全书结构与内容。本书由三篇组成，分别是会计基础认知篇、会计方法运用篇、会计工作流程篇。其中，会计基础认知篇主要考虑非会计专业学生对会计岗位及基本会计知识的认知，设计了认知会计、了解会计科目和账户、掌握会计记账法等会计常识内容；会计方法运用篇从非会计专业学生将来从事管理及相关岗位考虑，帮助其学习、了解借贷记账法在制造业企业的最基本应用；会计工作流程篇旨在让非会计专业学生从整体上认识会计工作程序，设计了会计凭证、会计账簿、财产清查、财务报告等内容。

3．活。本书在“智慧职教”平台上开发了丰富的数字化资源，主要包括教学设计、教学课件、微课、随堂测、同步测试、实训练习等，并会根据最新的教学需求及学术动态、财税政策不断更新补充。同时，根据课堂教学需要，将部分微课以“二维码”形式放在书中，借助书网互动，实现“翻转课堂”教学效果。

本书由广东科学技术职业学院马迎迎主编，负责拟定编写大纲，并对全书进行总纂和定稿。全书九个项目的具体编写分工如下：项目一、二、三由郭安琪编写；项目四、八由马迎迎编写；项目五、六由李丽琴编写；项目七由李跃进编写。

本书在编写过程中参考了国内外大量的相关书籍和教材，谨向所有相关作者表示诚挚的感谢。另外，本书在出版过程中得到了贾瑞敏编辑的悉心指导，在此表示真挚的感谢。

最后，由于作者水平有限，书中难免存在错漏不妥之处，敬请读者批评指正。我们将充分珍视您的建议和意见，不断完善本书。

编　者

目　　录

第二篇　会计方法运用

第三篇　会计工作流程

第一篇

会计基础认知

项目一

认识会计

学习目标

1. 了解会计职业、会计人员专业技术职务及会计法规体系
2. 明确会计概念、会计职能、会计对象
3. 理解会计假设与会计信息质量要求
4. 明确会计核算方法的内容

任务一　认知会计职业

任务描述

本任务的目标是了解会计职业的分布领域，了解会计人员专业技术职务的种类，认识会计法规体系。通过本任务的学习，认识到会计是一种专业性非常强的职业，会计人员必须遵守职业道德规范。

一、会计职业范围

会计行业分布非常广泛，按照其所在社会组织类型可分为企业会计、政府机构与非营利组织会计、公共会计。

1. 企业会计

企业会计以企业为主体，以其经营资金运动为对象，按其内容及侧重点不同可分为

财务会计、成本会计、管理会计、内部审计等。

（1）财务会计。财务会计主要工作是将企业经营活动按照会计的基本处理程序和一般公认会计原则，确认、计量、控制企业资产、负债、所有者权益变动，记录、反映企业收入的取得、费用的发生、收益的实现与分配，形成表达企业财务状况、经营成果、现金流量情形的财务报告，其作用是为企业外部信息使用者提供决策参考，同时满足企业内部管理需要。

（2）成本会计。成本会计主要工作是核算、记录企业生产产品所发生的各种耗用。通过计算各种产品的生产成本、在产品成本、库存产品成本、主营业务成本等数据，反映企业的经营状况信息，并体现在有关财务报表上。

（3）管理会计。管理会计是成本会计的延伸。管理会计以企业经营管理为中心，主要作用是利用财务会计所提供的信息，以及其他一切可能利用的资料，帮助企业管理部门正确地进行管理决策。

（4）内部审计。企业内部审计是企业内部专门机构或人员对企业自身的经济活动所开展的审核、检查活动。其工作内容是通过应用系统化、规范化的方法，以独立、客观的态度对企业内部控制制度、风险管理、内部经济管理责任及其履行情况进行评价。其主要目的是查找疏漏，改善管理，提高经济效益，增加企业的价值，以帮助企业实现既定的目标。内部审计工作通常由具有丰富会计工作经验的人员担任。由于内部审计基本职能的特殊性，企业内部审计部门与会计部门相互独立。

2. 政府与非营利组织会计

政府与非营利组织会计是指以政府机构、事业单位、非营利组织，如学校、医院、图书馆、科研机构、慈善机构等组织为主体的会计。这些机构都是非营利性质的，适用非营利组织的会计制度，与企业会计有所不同。

3. 公共会计

公共会计，也称社会会计，是指执行会计业务的注册会计师，受工商企业等当事人的委托，对该单位的会计凭证、账簿、会计报表等进行检查。

一般为鉴定企业的财务报表是否恰当地、真实地反映其财务状况和经营成果而进行，也有为其他特殊目的如查核舞弊行为等而进行。

「视频」

会计职业认知

二、会计人员专业技术职务

为了更好地发挥会计人员的积极性和创造性，提高其业务能力，需要依据各个行业企业的会计人员的学历、从事会计工作的年限、业务水平和取得的工作成绩，并通过相应考试，确定其专业技术职务。

会计专业技术职务是担任会计专业职务的任职资格，也是区分会计人员从事业务工作的技术等级。目前，我国会计专业职务分为会计员、助理会计师、会计师、高级会计师四种。其中会计员和助理会计师为初级职务，会计师为中级职务，高级会计师为高级职务。会计专业职务的任职条件和基本职责是不同的。助理会计师与会计师任职资格通过考试获得。高级会计师考试一般实行考评结合制度。

「视频」
助理会计师报考说明

三、会计法规体系

会计法规体系是指国家权力机关和行政机关制定的关于会计工作的法律、法规、规章和规范性文件的总称，简称会计法规。我国会计法规体系包括会计法律、会计行政法规、国家统一的会计制度、地方性法规，其基本构成如下所述。

1. 会计法律

会计法律是指由全国人民代表大会及其常务委员会制定的，调整我国经济生活中会计关系的法律总规范。《中华人民共和国会计法》（简称《会计法》）于 1985 年首次颁布施行。

自《会计法》颁布实施以来，我国先后两次对《会计法》进行重大的修改和修订，使《会计法》得以不断完善。1999 年 10 月经第九届全国人民代表大会常务委员会第十二次会议审议通过第二次修订的《会计法》自 2000 年 7 月 1 日起施行。

修订后的《会计法》由七章五十二条组成，包括“总则”、“会计核算”、“公司、企业会计核算的特别规定”、“会计监督”、“会计机构和会计人员”、“法律责任”和“附则”七章内容。

《会计法》是会计法规体系中层次最高的法律规范，是制定其他会计规范的依据，也是指导会计工作的最高准则。《会计法》规定了会计核算的基本要求，对会计核算的内容、会计资料的真实性与完整性等有着明确的规定，同时还规定了违反本法规定的相关法律责任。

2. 会计行政法规

会计行政法规是指由国务院制定并发布或者国务院有关部门拟定并经国务院批准发布，调整经济生活中某些方面会计关系的法律规范，其制定依据是《会计法》，如 1990 年 12 月 31 日国务院发布的《总会计师条例》、2000 年 6 月 21 日国务院发布的《企业财务会计报告条例》等。

3. 国家统一的会计制度

国家统一的会计制度是指中华人民共和国财政部（简称财政部）根据《会计法》制定的，关于会计核算、会计监督、会计机构和会计人员及会计工作管理的制度，包括会计规章和会计规范性文件。会计规章是依据《中华人民共和国立法法》规定的程序，由财政部制定，并以财政部部长签署命令的形式公布的制度办法，如 2001 年 2 月 20 日以财政部第 10 号令形式发布的《财政部门实施会计监督办法》。会计规范性文件是指财政部制定并发布的各种核算制度及办法，如财政部发布的《企业会计制度》《会计基础工作规范》《金融企业会计制度》及财政部与中华人民共和国国家档案局联合发布的《会计档案管理办法》等。

4. 地方性会计法规

地方性会计法规是由各省、自治区、直辖市人民代表大会及其常务委员会，在与《会计法》《会计行政法规》不相抵触的前提下，根据本地区情况制定发布的关于会计核算、会计监督、会计机构和会计人员及会计工作管理的规范性文件，如《内蒙古自治区会计条例》。

四、会计人员职业道德

会计人员肩负着提供真实、公允会计信息的责任，必须正确地履行职责和行使权限，完成会计工作任务。为了保证会计信息的有效性，会计人员应以“诚信为本、操守为重、坚持准则、不做假账”为工作指导，遵守会计职业道德。会计职业道德是指会计人员在工作中应当遵循的、体现会计职业特征的、调整会计职业关系的职业行为准则。依据会计职业道德内涵，1996 年 6 月 17 日财政部发布了《会计基础工作规范》，专门对会计人员的职业道德做出规定，主要包括以下六个方面。

（1）爱岗敬业。会计人员应当热爱本职工作，努力钻研业务，使自己的知识和技能适应所从事工作的要求。

（2）坚持准则。会计人员应当熟悉财经法律、法规和国家统一会计制度，并结合会计工作进行广泛宣传。

（3）依法办事。会计人员应当按照会计法律、法规、规章规定的程序和要求进行会计工作，保证所提供的会计信息合法、真实、准确、及时、完整。

（4）客观公正。会计人员办理会计事务应当实事求是、客观公正。

（5）强化服务。会计人员应当熟悉本单位的生产经营和业务管理情况，运用掌握的会计信息和会计方法，为改善单位内部管理、提高经济效益服务。

「视频」

案例分析与讨论

（6）诚实守信。会计人员应当严守本单位的商业秘密，除法律规定和单位领导人同意外，不能私自向外界提供或者泄露单位的会计信息。

五、大数据时代会计人员工作重点

随着信息技术与互联网的飞速发展，我们迎来了大数据时代，各行各业都在不断变化与革新。会计工作与数据信息密切相关，为了更好地适应大数据时代的新变化，会计人员工作重点应随环境变化而变化，保持与发挥会计人员工作的竞争优势，助力组织获得更多的经济效益和更高社会地位。

1. 增强会计人员信息处理能力

大数据时代的特征表现为数据量巨大、数据类型繁多、对数据处理速度要求快、对数据时效性要求高等，这些特征对会计人员数据驾驭能力提出了新的挑战。各类组织对会计人员使用大数据的能力越来越重视，要求会计人员要具备必要的信息技术、网络技术、软件设计、软件操作等一系列的相关知识与技术，在运用一定技术工具快速完成日常记录工作的基础上，开展对大数据的客观分析，发现新问题与新趋势，深入挖掘财务信息的新价值，快速制定实施行动纲领与方案。

2. 拓展会计人员多元知识结构

会计工作所需要的数据信息不局限于会计工作本身，对企业来说海量、多元的数据将对企业决策有更多益处。收集多样型的数据信息可以帮助会计人员更好地胜任本职工作。为此，会计人员要保持终身学习理念，在工作中注重了解、学习并掌握管理学、市场营销、金融管理等方面的相关知识，熟悉经济与商务惯例，培养系统的逻辑思维，这样有助于对挖掘到的数据进行综合、全面的评估，从而做出更加恰当、合理的决策。

3. 重视会计工作流程管理

一直以来会计工作较多强调目标管理，而在大数据时代，会计工作需要倾向流程管理。明确会计工作流程的同时，制定工作标准，严格过程控制。另外，会计人员须将自身工作流程置身于企业经营各环节中，和企业经营发展融为一体，积极参与企业的管理中。如会计人员应充分了解企业的战略目标和未来发展的方向，以及经营中的各种信息，积极参与企业制定发展战略和规划中，参与产品的研发、生产、销售、售后等相关工作，参与企业投资决策的制定等有关过程中，这些工作所获得的多样化信息会拓宽会计人员的视野，不仅可以促进会计人员更好地履行管理职能，而且可以帮助会计人员进一步提高其业务能力。

4. 保障会计信息的安全性

大数据时代为企业组织内外共享数据资源提供便利的同时，也带来了一些安全隐患。为此，会计人员需要具备风险与安全意识，尤其是对会计信息需要建立保护其安全的信息网络监控系统。企业要谨慎选择硬件服务商，确保使用安全性能稳定的专业设备，同时具备危机与风险应对方案。企业需要拥有自己的服务器，连接各分公司及相关部门，组成自己的信息网络。同时，加强防火墙建设，避免因黑客的入侵或病毒感染，造成机密的商业信息泄露，给企业带来不可挽回的损失。

「视频」

走进首席信息官

任务二　理解会计的发展与职能

任务描述

本任务的目标是把握会计的概念，清楚会计的特征与职能，明确会计的对象。通过本任务的学习，可以更好地理解会计的发展过程。

一、会计的概念、特征和发展

1. 会计的概念

会计是以货币为主要计量单位，运用一系列专门方法，综合反映和监督一个单位经济活动的一种经济管理工作，旨在提供会计信息和提高经济效益。

随着经济的发展，会计已经成为现代企业的一项重要的管理工作。企业的会计工作主要是通过一系列会计程序与专门方法，对企业的经济活动和财务收支进行核算和监督，反映企业的财务状况、经营成果和现金流量，为会计信息使用者做出正确决策提供有用参考，并积极参与经营管理，提高企业的经济效益。

2. 会计的特征

由会计的概念可以总结其具有如下五个特征。

（1）会计是一种经济管理活动。会计是伴随人们组织经济生活和管理经济社会所产生的。

（2）会计是一个经济信息系统。会计的工作涵盖整个企业的经营发展，通过参与企业的经济活动，进而将企业经济活动所产生的信息进行收集和整理，形成一个内外部相结合的完整的信息系统，会计可以为企业管理提供多种数据支持与决策建议。

（3）会计以货币作为主要计量单位。在实务工作中，会计计量包括货币计量、实物计量和劳动计量等。货币作为通用计算商品价值的工具，可以准确地衡量经济活动中各项物资和劳务的成本，更加方便地进行记录、计算和分析。

（4）会计具有核算和监督的基本职能。会计的基本职能是对经济活动进行核算和监督。会计核算是指为经济管理搜集、处理、存储和输送各种会计信息。会计监督是指通过调节、指导、控制等方式，对客观经济活动的合理性、合法性、有效性进行考核与评价，并采取一定的措施以实现预期的目标。

（5）会计工作会运用一系列专门的方法。会计是一项专门的业务活动，在对企业经济活动进行核算、监督、分析与控制时都有相应的要求。会计在长期的发展中，形成了一套独立且完整的会计方法，主要包括会计核算方法、会计分析方法、会计检查方法等。

3. 会计的发展

会计作为一种经济管理活动，其产生同社会生产活动密切相关，会计思想和会计行为是社会生产发展到一定历史阶段的产物。会计产生于社会实践，并伴随着社会实践不断向前发展而发展。会计从简单的计数开始，发展演变为具备科学理论和实践规范的现代会计体系，经历了漫长的历史过程，世界会计发展史将这一过程划分为三个阶段。

（1）古代会计发展阶段。古代会计发展阶段是指从旧石器时代的中晚期到封建社会末期这段时间。早在原始社会末期，人们便会对多余的猎物和谷物进行记录和交换，这就需要计量。由于文字并没有被发明出来，所以人类利用“结绳记事”和“刻契计数”等简单的方法来记录食物的剩余。此阶段并没有专门的会计一职，只是简单地将计算和记录与其他工作混为一体。

（2）近代会计发展阶段。近代会计的时间跨度一般被认为从运用复式簿记开始，直至20世纪40年代末。据史料记载，1211年，意大利佛罗伦萨的银行已采用借贷记账法，称为“佛罗伦萨式簿记”，以后又陆续出现了“热那亚式簿记”和“威尼斯式簿记”，人们将其并称为意大利“三式簿记”。它们的出现，在会计史上具有划时代意义，它宣告了长达几千年的单式记账法的结束和与商品经济发展相适应的复式记账法的诞生。1494年意大利数学家卢卡·帕乔利所著《算术、几何、比及比例概要》一书在威尼斯出版发行，书中“计算与记录要论”部分，全面、系统地介绍了借贷记账法，并结合数学原理从理论上给予了必要的阐述。帕乔利的这本书，是世界上第一部系统介绍和论述借贷记账法的文献，标志着近代会计的开端。此间会计的方法、技术与内容上有很多重大发展，主要特征表现为以下三个方面：一是复式记账法的不断完善和推广运用；二是英国工业革命的胜利，使成本会计得以产生和迅速发展，继而成为会计学中管理会计分支的重要基础；三是19世纪50年代，在英国成立了第一个注册会计师协会——爱丁堡会计师协会，这标志着注册会计师作为一种专业的职业得到了社会认可。

（3）现代会计发展阶段。现代会计发展阶段是20世纪50年代开始至今的这段时间。这一阶段会计的发展有两个重要标志：一是会计核算手段质的飞跃，即现代电子技术与会计融合产生的“会计电算化”；二是会计伴随生产和管理科学的发展分化为财务会计和管理会计两个分支。1946年在美国诞生了第一台电子计算机，1953年便在会计中得到初步应用，其后迅速发展，至20世纪70年代，发达国家就已经出现了电子计算机软件方面数据库的应用，并建立了电子计算机的全面管理系统。从财务会计中分离出来的“管理会计”这一术语在1952年的世界会计学会上获得正式通过。

二、会计的职能

会计职能是指会计在经济管理过程中所具有的功能。作为“过程控制和观念总结”的会计，除了具有会计核算和会计监督两项基本职能，还具有预测经济前景、参与经济决策、评价经营业绩等拓展职能。

1. 会计的基本职能

会计的基本职能包括核算和监督两个职能。

（1）核算职能。核算职能又称会计的反映职能。会计核算主要是从数量方面反映各单位的经济活动情况，通过一定的核算方法，为经济管理提供数据资料，包括事前、事中、事后的反映，即贯穿于经济活动的全过程。对实际发生的经济活动进行核算，要以凭证为依据，要有完整的和连续的记录，并按经济管理的要求，提供系统的数据资料，以便于全面掌握经济活动情况，考核经济成果。

（2）监督职能。会计监督主要是利用会计资料和信息反馈对经济活动的全过程加以控制和指导，包括事前、事中和事后的监督。会计监督除货币监督，还包括实物监督。会计监督的内容，是从本单位经济效益出发，对经济活动的合理性、合法性、真实性、正确性、有效性进行的全面监督。会计监督的目的在于改善经营或预算管理，维护国家财政制度和财务制度，保护社会主义公共财产，合理使用资金，实现增产节约，提高经济效益。

（3）会计核算和会计监督的关系。会计的核算和监督职能是贯穿于整个会计工作的，会计核算是会计监督的基础，会计监督又是会计核算的保证，两者结合起来才能正确、及时、完整地反映经济活动。

重要提示：会计职能的外在表现，就是人们通常所说的会计的作用。

2. 会计的拓展职能

会计职能随着会计理论与实践的发展而发展。除会计核算和监督两个基本职能外，会计职能还包括预测经济前景、参与经济决策、评价经营业绩等拓展职能。

（1）预测经济前景，是指通过财务报告等信息，定性或定量地对经济发展趋势进行判断和预测。

（2）参与经济决策，是指通过财务报告等信息，运用定量或定性分析法，对备选方案的经济可行性进行分析。

（3）评价经营业绩，是指通过财务报告等信息，运用特定的指标和标准，采用科学的方法，对企业资产运营、经济效益等进行定量及定性对比分析。

三、会计的对象

会计对象是指会计核算和监督的内容，具体是指社会再生产过程中能以货币表现的经济活动，即资金运动或价值运动。因为使用价值没有统一的标准和计量尺度，不便于比较和汇总，而会计是以货币作为主要计量单位，借助价值形式能达到会计确认、计量、记录和报告交易或事项的目的，所以会计核算和监督的内容是社会再生产过程中的价值运动。这种价值运动能通过货币综合表现，它不是静止不变的，通过自身不断的运动而变化。资金运动主要包括如下内容。

1. 资金投入

资金投入是指企业通过吸收投资、向银行借款及发行股票和债券的方式使资金进入企业，使企业资产增加。

2. 资金循环与周转

资金循环与周转是指企业使用资金，运用于生产经营过程，这一阶段是企业资金运动的主要部分，也是经济业务内容最繁杂多变的部分。这一阶段分为三个过程，供应过程、生产过程和销售过程。

（1）供应过程。它是生产的准备过程。在这个过程中，为了保证生产的正常进行，企业用筹集来的资金购建厂房、购买固定资产、购买原材料等，支付各类物资的买价、运输费、装卸费等，并与供应单位发生货款的结算关系。随着采购活动的进行，企业的货币资金转化为储备资金。

（2）生产过程。它既是产品的制造过程，又是资产的耗费过程。在这个过程中，劳动者借助于劳动手段将劳动对象加工成特定的产品，同时，会产生各种费用，如材料费、折旧费、人工费、水电费、管理费等。随着生产过程的进行和各种费用的发生，企业不断地生产出半成品、在产品、完工产品。这一过程中储备资金先转换为生产资金（如在产品、半成品等占用的资金），产品生产完工后，生产资金转变为成品资金（主要指库存产成品所占用的资金）。

（3）销售过程。它是产品价值的实现过程。在这个过程中，企业将生产的产品销售出去，取得销售收入，并与购货方办理货款结算，收回货币资金。在这个过程中，成品资金又转化回货币资金。

由此可见，在资金的循环与周转阶段，企业从取得货币资金开始，依次经过供应、生产和销售三个过程，资产的存在形态分别表现为货币资金、储备资金、生产资金、成品资金等形态，最后再回到货币资金。这个过程被人们称作资金循环。资金周而复始地不断循环，称为资金周转。

3. 资金退出

资金退出是指企业的资金不再参与企业的资金运动，资金的退出是资金运动的终点，主要包括按照有关合同或协议偿还债务、按规定向国家缴纳各项税费、按照企业章程或股东大会决议向所有者分配股利或利润、经法定程序减少资本等。

资金运动的各个内容相互联系、相互制约，构成了开放式的运动统一体。工业企业的资金运动过程如图 1-1 所示。

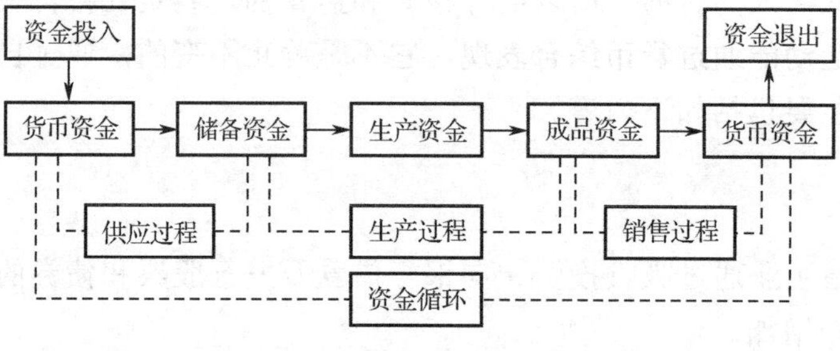

图 1-1　工业企业的资金运动过程

任务三 会计的基本前提和信息质量要求

任务描述

本任务的目标是明确会计基本前提的主要内容，了解会计信息质量要求。通过本任务的学习，可以更形象地认识会计对象的内容，加深对会计特征及会计职能的认识。

一、会计的基本前提

会计基本前提是会计人员对会计核算所处的变化不定的环境做出的合理判断，是进行会计核算时必须明确的前提条件，也称作会计的基本假设。会计所处的社会经济环境极为复杂，会计核算面对的是变化不定的社会经济环境，在这种情况下，会计人员有必要对会计核算所处的经济环境做出判断。会计基本前提是指为保证会计工作的正常进行和会计信息的质量，对会计核算的范围、内容、基本程序和方法所做的基本假定。会计基本前提包括会计主体、持续经营、会计分期和货币计量。

1. 会计主体

会计主体是指会计工作服务的特定单位，是企业会计确认、计量、记录和报告的空间范围，即经营上或经济上具有独立性或相对独立性的单位。为了向财务报告使用者提供对其决策有用的信息，会计核算和财务报告的编制应当集中反映特定对象的活动，并将其与其他经济实体区别开来，才能实现财务报告的目标。会计核算的基本前提中确定的会计确认、计量、记录和报告的空间范围即为会计主体。

确认，将发生的交易或事项与一定的会计要素联系起来加以认定的过程。

计量，对发生的交易或事项引起的会计要素变动金额加以认定的过程。

记录，对经过会计确认、会计计量的经济业务，采用一定方法记录下来的过程。

报告，对发生的交易或事项的变动结果进行报告的过程。

会计确认、计量、记录和报告构成了完整的财务会计系统。

一般来说，法人（或称法律主体）可作为会计主体，但会计主体不一定是法人。

在会计主体假设下，企业应当对其本身发生的交易或者事项进行会计确认、计量、记录和报告，反映企业本身所从事的各项生产经营活动。明确界定会计主体是开展会计确认、计量、记录和报告工作的重要前提。

【即学即思·案例】明兴公司 2 月发生了以下事项：①购买生产用物资；②发放 1 月工资；③为员工购买商业保险；④销售一批材料给 B 企业，货款暂未收回。问题：哪些经济业务属于明兴公司会计核算范围？

【解析】在上述事项中，①、②、③均属于明兴公司的日常业务，应该纳入会计核算的范围；④属于明兴公司的日常业务，应作销售处理；若以B企业为会计主体，则应作采购处理。

2. 持续经营

持续经营是指会计主体的生产经营活动将按照既定的目标持续经营下去，在可以预见的将来不会面临破产清算。在持续经营前提下，会计确认、计量、记录和报告应当以企业持续、正常的生产经营活动为前提。

企业是否持续经营，在会计原则、会计方法的选择上有很大差别。一般情况下，应当假定企业将会按照当前的规模和状态继续经营下去。明确这个基本假设，就意味着会计主体将按照既定用途使用资产，按照既定的合约条件清偿债务，会计人员就可以在此基础上选择会计原则和会计方法。如果判断企业能持续经营，就可以假定企业的固定资产会在持续经营的生产经营过程中长期发挥作用，并服务于生产经营过程，固定资产就可以根据历史成本进行记录，并采用适当的方法进行折旧，将历史成本分摊到各个会计期间或相关产品的成本中。如果判断企业不能持续经营，对固定资产就不能采用历史成本法进行记录并按期计提折旧。

【即学即思·案例】明兴公司在会计核算中，假定经营活动中的机器设备、房屋、汽车等固定资产都能长期使用。

【解析】上述资料中，明兴公司假定上述固定资产都能长期使用，因此，就可按照资产在取得时的成本及使用情况采用固定的方法计提折旧。上述材料假定固定资产能够长期使用，就是持续经营假设的一种表现。

3. 会计分期

会计分期是指将一个企业持续经营的生产经营活动划分为一个个连续的、长短相同的期间。会计分期的目的，在于通过会计期间的划分，将持续经营的生产经营活动划分成连续、均等的期间，据以结算盈亏，按期编制财务报告，从而及时向财务报告使用者提供有关企业财务状况、经营成果和现金流量的信息。

在会计分期假设下，企业应当划分会计期间，分期结算账目和编制财务报告。根据《企业会计准则——基本准则》的规定，会计期间通常分为年度和中期。我国《会计法》规定采用公历制会计年度，即会计年度自公历1月1日起至12月31日止。中期，是指短于一个完整的会计年度的报告期间，包括半年度、季度、月度。

根据持续经营假设，一个企业将按当前的规模和状态持续经营下去。但是，无论是企业的生产经营决策还是投资者、债权人等的决策都需要及时的信息，都需要将企业持续的生产经营活动划分为一个个连续的、长短相同的期间，分期确认、计量、记录和报告企业的财务状况、经营成果和现金流量，因此会计分期假设意义重大。由于会计分期，才产生了当期与以前期间、以后期间的差别，才使不同类型的会计主体有了记账的基准，进而出现了折旧、摊销等会计处理方法。

【小贴士】不同的会计分期

不同国家根据其经济特点和管理需要，明确会计年度的起止日期。采用从公历的1月1日至12月31日为一个会计年度的国家有中国、朝鲜、希腊等；采用4月1日至次年3月31日为一个会计年度的国家有丹麦、加拿大、英国、日本、新加坡等；采用7月1日至次年6月30日为一个会计年度的国家有瑞典、澳大利亚等；采用10月1日至次年9月30日为一个会计年度的国家有美国、泰国、斯里兰卡等。

4. 货币计量

货币计量是指会计主体在会计确认、计量、记录和报告时，以货币计量反映会计主体的生产经营活动，并假设币值不变。

企业在会计核算中以货币为统一的计量单位，记录和反映企业生产经营过程和经营成果。会计主体的经济活动是多种多样、错综复杂的。为了实现会计目的，必须综合反映会计主体的各项经济活动，这就要求有一个统一计量尺度。在会计的确认、计量、记录和报告过程中之所以选择货币为单位进行计量，是由货币的本身属性决定的。货币是商品的一般等价物，是衡量一般商品价值的共同尺度，具有价值尺度、流通手段、贮藏手段和支付手段等特点。其他计量单位，如重量、长度、容积、台、件等，只能从一个侧面反映企业的生产经营情况，无法在总量上进行汇总和比较，不便于会计计量、记录和经营管理。只有选择货币尺度进行计量才能充分反映企业的生产经营情况，所以，基本准则规定，会计确认、计量、记录和报告选择货币作为计量单位。会计在选择货币作为统一的计量尺度的同时，还要选择实物量度和时间量度等作为辅助的计量尺度。

我国企业会计准则规定，会计核算以人民币为记账本位币。业务收支以人民币以外的货币为主的单位，可以选定其中一种货币作为记账本位币，但是编报的财务报告应当转换为人民币。

作为进行会计活动的必要前提条件，会计假设是会计人员在长期的会计实践中逐步总结而成的，绝不是毫无根据的猜想或简单武断的规定。离开了会计假设，会计活动就失去了确认、计量、记录和报告的基础，会计工作就会陷入混乱甚至难以进行。

【小贴士】会计核算基础

1. 权责发生制

会计核算中确定本期收益和费用的方法：凡属本期的收入，不论款项是否收到，均作为本期收入处理；不属本期的收入，即使本期收到的款项也只作为预收款项处理，而不作为本期收入；凡属本期的费用，不论款项是否支出，均作为本期费用处理；不属本期的费用，即使在本期支出，也不能列入本期费用。

2. 收付实现制

以本期款项的实际收付作为确定本期收入、费用的标准。凡是本期实际收到款项的收入和付出款项的费用，不论款项是否属于本期，只要在本期实际发生，即作本期的收入和费用。

二、会计信息质量要求

会计信息质量要求是对企业财务报告中所提供的会计信息质量的基本要求，是会计信息应具备的对使用者决策有用的基本特征，主要包括可靠性、相关性、可理解性、可比性、实质重于形式、重要性、谨慎性和及时性等。

（1）可靠性。可靠性要求企业应当以实际发生的交易或者事项为依据进行确认、计量、记录和报告，如实反映符合会计核算要求的各项会计要素及其他相关信息，保证会计信息真实可靠、内容完整。

（2）相关性。相关性要求企业提供的会计信息应当与财务报告使用者的经济决策需求相关，有助于财务报告使用者对企业过去、现在或者未来的情况做出评价或者预测。

（3）可理解性。可理解性要求企业提供的会计信息应当清晰明了，便于财务报告使用者理解和使用。

（4）可比性。可比性要求企业提供的会计信息应当具有可比性，保证同一企业不同时期可比，不同企业相同会计期间可比。

（5）实质重于形式。实质重于形式要求企业应当按照交易或者事项的经济性质进行会计核算，不应仅以交易或者事项的法律形式为依据。如果企业仅仅以交易或者事项的法律形式为依据进行会计核算，那么就容易导致会计信息失真，无法如实反映经济现实和实际情况。

（6）重要性。重要性要求企业提供的会计信息应当反映与企业财务状况、经营成果和现金流量有关的所有重要交易或者事项。

（7）谨慎性。谨慎性要求企业对交易或者事项进行会计核算时应当保持应有的谨慎，不应高估资产或者收益、低估负债或者费用。

（8）及时性。及时性要求企业对于已经发生的交易或者事项，应当及时进行确认、计量、记录和报告，不得提前或者延后。

任务四　会计核算方法与会计信息服务对象

任务描述

本任务的目标是明确会计核算方法的内容，了解会计信息的各类使用者的要求。通过本任务的学习，掌握会计核算工作的基本内容。

一、会计核算方法

会计方法是反映和监督会计对象、完成会计任务的手段。会计方法随着会计的职能、作用、任务的发展而发展。现阶段会计方法包括会计核算方法、会计分析方法和会计检查方法，其中会计核算方法是会计的基本方法。

会计核算方法是对会计对象进行完整、连续和系统的核算和监督所应用的专门方法，一般包括设置账户、复式记账、填制和审核会计凭证、登记会计账簿、成本计算、财产清查、编制财务报告七个方面内容。这些内容相互联系、密切配合，构成一个完整的会计核算方法体系。

1. 设置账户

设置账户是对会计对象的具体内容进行科学分类、反映和监督的一种专门方法。会计对象的具体内容是多种多样的，要对它们进行科学的分类和记录、系统的核算与监督，就必须按经济业务的内容和管理要求，分别设置账户，进行分类登记，以便提供所需的会计信息。

2. 复式记账

复式记账是对每一笔经济业务，用两个或两个以上相互联系的有关账户进行登记，以全面反映其来龙去脉的一种专门方法。

任何一项经济业务的发生，都会引起会计要素的增减变动。采用复式记账法，能如实地记录每一笔经济业务，通过账户的对应关系可以了解经济业务的实际内容，进而检查账户记录的正确性。复式记账是一种世界通用的记账方法。

3. 填制和审核凭证

填制和审核凭证是为了保证会计记录完整、真实和可靠，以及审查经济活动是否合理、合法而采用的一种专门方法。会计凭证是用来记录经济业务的书面证明，是登记账簿的依据。针对每项经济业务填制会计凭证，并加以审核，可以保证会计核算的质量，并明确经济责任。

4. 登记会计账簿

登记会计账簿是根据会计凭证，在会计账簿上全面地、连续地、系统地、完整地记录与反映经济业务的一种专门方法。按照记账的方法和程序登记账簿并定期进行对账、结账，可以提供完整的、系统的会计信息资料。登记会计账簿是会计信息加工的一项重要程序，财务报告的编制依赖于会计账簿的数据信息。

5. 成本计算

成本计算是按照一定对象，对生产、经营过程中所发生的成本、费用进行归集与分配，以确定核算对象的总成本和单位成本的一种专门方法。准确计算成本可以掌握成本的构成情况，考核成本计划的完成情况，对于挖掘潜力、降低成本具有重要的作用。

6. 财产清查

财产清查是对各项财产物资进行实物盘点、账面核对，对各项往来款项进行查询、核对，以保证账账、账实相符的一种专门方法。通过财产清查，可以查明各项财产物资、债权债务、所有者权益的实有数与账存数是否相符，并查明账实不符原因，以加强物资管理，监督财产的完整，并为编制财务报告提供正确的资料。

7. 编制财务报告

编制财务报告是定期总括地反映经济活动和财务收支情况的一种专门方法。编制财务报告可以反映企业财务状况、经营成果和现金流量的变动情况，为有关各方面进行投资与管理提供参考资料。

以上七种专门方法组成一个完整的会计核算方法体系，如图 1-2 所示。

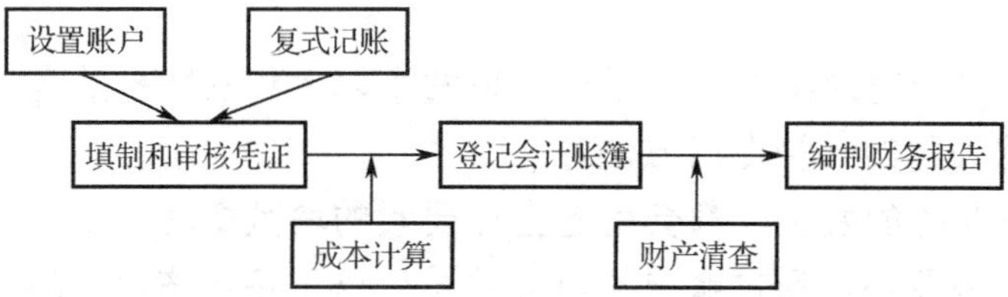

图 1-2　会计核算方法体系

二、会计信息服务对象

会计信息服务对象，即会计信息的使用者，主要包括投资者、债权人、企业管理者、政府及其相关部门和社会公众等。

（1）投资者关心其资本的保值和增值状况，因此较为重视企业获利能力指标，主要进行企业盈利能力分析。

（2）债权人关注的是其投资的安全性，因此更重视企业偿债能力指标，主要进行企业偿债能力分析，同时也关注企业盈利能力分析。

（3）企业管理者，包括企业内部各个部门管理者，他们必须对企业经营过程的各个方面，包括营运能力、偿债能力、获利能力及发展能力的全部信息予以详尽地了解和掌握，主要进行各方面综合分析，关注企业财务风险和经营风险。

（4）政府及其相关部门，兼具多重身份，既是宏观经济管理者，又是国有企业的所有者和重要的市场参与者，因此政府及相关部门对企业财务分析的关注点因所具身份不同而异。

（5）社会公众，所有关心企业有关财务状况、经营状况等方面信息的社会大众，包括顾客、供应商等。

【知识巩固】

一、单选题

1．我国会计行为的最高法律规范是（　　）。

A．《会计法》　　B．基本会计准则

C．具体会计准则　　D．会计制度

2．会计是以（　　）为主要计量单位。

A．货币　　B．数量　　C．实物量　　D．劳动量

3．持续经营从（　　）上对会计核算进行了有效界定。

A．空间　　B．时间　　C．空间和时间　　D．内容

4．下列方法中，能为经营管理者提供必要的信息，并且贯穿于整个经济活动的全过程的会计方法是（　　）。

A．会计核算　　B．会计分析　　C．会计监督　　D．会计审查

5．企业应当以实际发生的交易或事项为依据进行确认、计量、记录和报告，如实反映符合会计核算要求的各项会计要素及其相关信息，这符合（　　）会计信息质量要求。

A．可比性　　B．重要性　　C．可靠性　　D．相关性

6．由于（　　）才产生了当期与以前期间、以后期间的差别，才使不同类型的会计主体有了会计核算的基准，形成了权责发生制和收付实现制两种不同的会计基础，进而出现了折旧、摊销等会计处理方法。

A．会计主体　　B．持续经营　　C．会计分期　　D．货币计量

7．下列选项中，属于会计对象的是（　　）。

A．核算和监督的内容　　B．计算和考核的内容

C．会计记录和分析的内容　　D．核算和分析的内容

8．会计信息质量要求有（　　）。

A．权责发生制　　B．货币计量　　C．真实可靠性　　D．历史成本

二、多选题

1．会计的基本假设包括（　　）。

A．会计主体　　B．会计分期　　C．持续经营　　D．货币计量

2．会计的基本职能是（　　）。

A．核算　B．预测　C．控制　D．监督

3．会计核算的基础一般有（　　）。

A．权责发生制　B．财产盘存制　C．会计基本假设　D．收付实现制

4．资金运动的过程包括（　　）。

A．资金投入　B．资金循环　C．资金周转　D．资金退出

5．下列关于权责发生制的说法中，正确的有（　　）。

A．以本期是否有收款的权利或付款的义务为标准来确认本期的收入和费用

B．当期已经发生的收入，如果款项没有收到，就不应当作为当期收入

C．不属于当期的收入，即使款项在当期收到，也不应当作为当期收入

D．不能将预收或预付的款项作为本期的收入或费用处理

6．会计核算方法的主要环节是（　　）。

A．复式记账　B．登记会计账簿

C．编制财务报告　D．填制和审核会计凭证

7．下列关于会计信息质量要求的表述，正确的有（　　）。

A．可比性要求企业采用相同的会计政策

B．实质重于形式要求企业不应仅以交易或事项的法律形式为依据

C．及时性对相关性和可靠性起着制约作用

D．重要性要求企业提供的会计信息应当反映与企业财务状况、经营成果和现金流量有关的所有重要交易或者事项

8．下列各项中，属于会计职能的是（　　）。

A．评价经营业绩　B．会计核算　C．预测经济前景　D．参与经济决策

三、判断题

1．会计是随着人们的生产实践和管理上的需要而产生和发展的，先后经历了古代会计、近代会计和现代会计三个阶段。（　　）

2．会计主体不同于法律主体，法律主体必然是会计主体，但会计主体不一定是法律主体。（　　）

3．会计核算是会计监督的基础，会计监督是会计核算质量的保障。（　　）

4．会计以货币为唯一计量单位，反映和监督一个单位经济活动的一种经济管理工作。（　　）

项目二

会计科目与账户

学习目标

1. 明确会计要素的分类及其确认条件
2. 理解会计等式及其特征
3. 明确会计科目的含义与分类
4. 掌握账户的结构及账户与会计科目的关系

任务一　辨别会计要素

「视频」

辨别会计要素

任务描述

本任务的目标是明确会计要素的概念与分类，学会正确区分各会计要素。通过本任务的学习，可以为后续会计学习奠定必要的理论基础，同时也为学习编制会计分录打下基础。

一、会计要素的概念与分类

1. 会计要素的概念

会计要素是对会计对象所做的基本分类，是会计核算对象的具体化，是用于反映会计主体财务状况和经营成果的基本单位。

会计要素是指会计对象是由哪些部分所构成的，按照交易或事项的经济特征所做的基本分类，也是指对会计对象按经济性质所做的基本分类，是会计核算和监督的具体对象和内容，是构成会计对象具体内容的主要因素，也是构成会计报表的基本要素。

2. 会计要素的分类

《企业会计准则》将会计要素分为资产、负债、所有者权益（股东权益）、收入、费用和利润六个会计要素。其中，资产、负债和所有者权益三项会计要素侧重反映企业的财务状况，构成资产负债表要素；收入、费用和利润三项会计要素侧重于反映企业的经营成果，构成利润表要素。会计要素是会计对象的具体化，是会计基本理论研究的基石，更是会计准则建设的核心。会计要素的分类如图 2-1 所示。

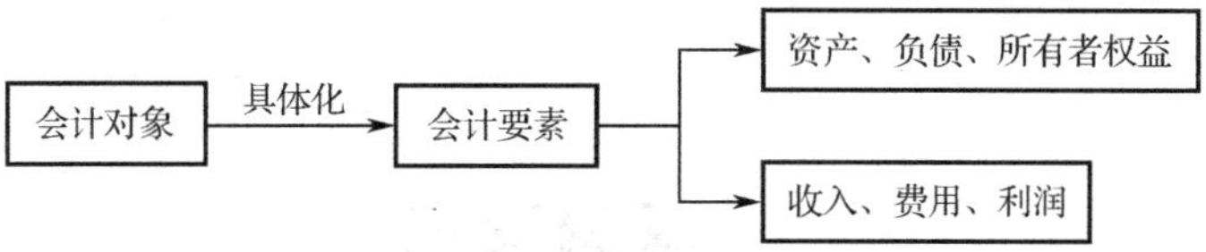

图 2-1　会计要素的分类

二、会计要素的内容

（一）资产

1. 资产的含义与特征

资产是指企业过去的交易或事项形成的、由企业拥有或者控制的、预期会给企业带来经济利益的资源。资产具有以下三个特征。

（1）资产应为企业拥有或控制的资源。由企业拥有或控制，是指企业享有该项资源的所有权，或虽不享有所有权，但该资源能被企业所控制。这样才能排他性地从中获取经济利益。

（2）资产预期会给企业带来经济利益。预期会给企业带来经济利益，是指直接或间接导致现金或现金等价物流入企业的潜力。如货币资金可以用于购买所需商品，厂房、机器设备、原材料可以用于生产经营，制造商品出售后收回货款为企业带来经济利益。

（3）资产是由企业过去的交易或事项形成的，如过去购买、生产、建造等，预期在未来发生的交易或事项不构成资产，即资产是现实中的而不是预期的（如谈判或计划中的）。

2. 资产的分类

按资产的流动性可将其分为流动资产和非流动资产（即长期资产）两类。

（1）流动资产，可以在一年内或超过一年的一个营业周期内变现、耗用的资产，如库存现金、银行存款、应收及预付款项、存货等。库存现金是流动性最强的流动资产，可以随时用来购买所需的财产物资、偿还债务、支付费用。银行存款是企业存放在银行或其他金融机构的存款，可自由提取、使用。应收及预付款项是指企业在日常经营活动中发生的各种债权，包括应收票据、应收账款、预付账款和其他应收款等。存货是指企业在日常经营活动中持有以备出售的产成品或商品、在产品及在生产过程或提供劳务过程中耗用的材料和物料，包括原材料、周转材料、在产品、半成品、商品、委托加工物资等。

（2）非流动资产，是指变现期间或使用寿命超过一年或长于一年的一个营业周期以上的资产，包括长期投资、固定资产、无形资产等。长期投资是指准备持有一年以上，不随时变现的股票、债券和其他投资。固定资产是指企业使用期限超过一年的房屋、机器、机械、建筑物、运输工具及其他与生产、经营有关的设备。无形资产是指企业拥有或者控制的没有实物形态的可辨认非货币性资产，如专利权、商标权、土地使用权等。

3. 资产的确认条件

将一项资源确认为资产，需要符合资产的定义，并同时满足以下两个条件。

（1）与该资源有关的经济利益很可能流入企业。由资产的定义可知，资产必须为企业带来经济利益，但是市场是瞬息万变的，经济利益的流入存在着一定的风险，所以在确认资产时还应将经济利益流入的不确定性考虑在内。

（2）该资源的成本或者价值能够可靠地计量。会计工作的核心就是对经济业务进行核算与监督，其本质在于量化，只有对一个个会计对象进行量化，会计工作才能够正常开展，所以在确认资产时必须看其是否满足成本或价值能够可靠计量。

（二）负债

1. 负债的含义与特征

负债是指企业过去的交易或事项形成的，预期会导致经济利益流出企业的现时义务。负债具有以下四个特征。

（1）负债是企业负担的现时义务。现时义务是企业在现行条件下已承担的义务。未来发生的交易或事项形成的义务，不属于现时义务。义务可以是法定义务，也可以是推定义务。法定义务是指具有约束力的合同或者法律法规规定的义务，如企业的应纳税款等。推定义务是指企业根据多年来的习惯，公开承诺或者公开宣布的政策而导致企业将承担的责任，如企业的质量保证承诺等。负债是企业在过去和现时的经济业务中所产生的，且在未来进行偿还的一项经济负担。它代表企业未来资金的交付或资产或劳务的提供，但未来经济业务可能发生的负债，不包括在会计负债之内。

（2）负债是企业过去交易或事项形成的。购买货物或接受劳务会产生应付账款（已经预付或是在交货时支付的款项除外)，接受银行贷款则会产生偿还贷款的义务。只有源于已经发生的交易或事项，会计上才有可能确认为负债。

（3）负债预期会导致经济利益流出企业，如用现金偿还，以实物资产偿还，以提供劳务形式偿还，以部分转移资产、部分提供劳务形式偿还。

（4）负债须有确切的债权人和到期日。

2. 负债的分类

负债按流动性可分为流动负债和非流动负债。

（1）流动负债指在一年内或超过一年的一个营业周期内偿还的债务，如短期借款、应付及预收款项、应付职工薪酬、应交税费等。

短期借款是指企业根据生产经营的需要，从银行或其他金融机构借入的偿还期在一年以内的各种借款，包括生产周转借款、临时借款等。

应付及预收款项是指企业在生产经营活动过程中，因采购商品物资、原材料、接受劳务供应，应付未付供货单位的款项，包括应付账款、应付票据、预收账款和其他应付款。

应付职工薪酬是企业根据有关规定应付给职工的各种薪酬，职工薪酬包括：工资、奖金、津贴、补贴；职工福利；社会保险费；住房公积金；工会经费；职工教育经费；解除职工劳动关系补偿；非货币性福利；其他与获得职工提供的服务相关的支出。

应交税费是指企业按照国家规定履行纳税义务，对其经营所得依法缴纳各种税费，包括企业依法缴纳的增值税、消费税、企业所得税、资源税、土地增值税、城市维护建设税等。

（2）非流动负债是指偿还期在一年或者超过一年的一个营业周期以上的债务，包括长期借款、应付债券、长期应付款等。

长期借款是指企业向银行或其他金融机构借入的期限在一年以上（不含一年）或超过一年的一个营业周期以上的各项借款。

应付债券是指企业为筹集长期资金而实际发行的债券及应付的利息，它是企业筹集长期资金的一种重要方式。

长期应付款是指除长期借款和应付债券外的其他多种长期应付款，主要有应付补偿贸易引进设备款和应付融资租入固定资产租赁费等。

3. 负债的确认条件

将一项现时义务确认为负债，除应符合负债的定义外，还要同时满足两个条件。

（1）与该义务有关的经济利益很可能流出企业。

（2）未来流出的经济利益的金额能够可靠地计量。

负债须以货币计量。有些负债的金额要视经营情况而确定（如应付所得税）或需要暂时估计（如质量“三保”费用），对其偿付金额可以做出合理的估计，但难以用货币计量的负债则不能入账。

（三）所有者权益

1. 所有者权益的含义与特征

所有者权益是指企业资产扣除负债后，由所有者享有的剩余权益。公司的所有者权益又称为股东权益。所有者权益是所有者对企业资产的剩余索取权，它是企业的资产扣除债权人权益后应由所有者享有的部分，既可反映所有者投入资本的保值增值情况，又体现了保护债权人权益的理念。所有者权益具有以下三个特征。

（1）所有者权益是企业可长久使用的资金来源，除非发生减资、清算，企业不需要偿还所有者权益。

（2）企业在清算时，所有者权益的清偿列在负债之后。

（3）所有者权益的满足由企业实现的收益程度决定，所有者凭借所有者权益参与利润的分配。

2. 所有者权益的分类

所有者权益可以按经济内容和形成渠道进行分类。

所有者权益按经济内容划分，可分为投入资本、资本公积、盈余公积和未分配利润四种。

（1）投入资本是投资者实际投入企业经济活动的各种财产物资，包括国家投资、法人投资、个人投资和外商投资。国家投资是有权代表国家投资的部门或者机构以国有资产投入企业的资本；法人投资是企业法人或其他法人单位以其依法可以支配的资产投入企业的资本；个人投资是社会个人或者本企业内部职工以其合法的财产投入企业所形成的资本；外商投资是国外投资者投入的资本。

（2）资本公积是通过企业非营业利润所增加的净资产，包括接受捐赠、法定财产重估增值、资本汇率折算差额和资本溢价所得的各种财产物资。接受捐赠是指企业因接受其他部门或个人的现金或实物等捐赠而增加的资本公积；法定财产重估增值是指企业因分立、合并、变更和投资时资产评估或者合同、协议约定的资产价值与原账面净值的差额；资本汇率折算差额是指企业收到外币投资时由于汇率变动而发生的汇兑差额；资本溢价是指投资人缴付的出资额超出其认缴资本金的差额，包括股份有限公司发行股票的溢价净收入及可转换债券转换为股本的溢价净收入等。

（3）盈余公积是企业从税后净利润中提取的公积金。盈余公积按规定可用于弥补企业亏损，也可按法定程序转增资本金。企业应提取当年利润的10%为法定盈余公积。

（4）未分配利润是本年度所实现的净利润经过利润分配后所剩余的利润，等待以后年度分配。如果未分配利润出现负数时，即表示年末的未弥补亏损，应由以后年度的利润或盈余公积来弥补。

所有者权益如按形成渠道划分，可分为原始投入的资本和经营中形成的资本。原始投入的资本包括投入资本和资本公积，经营中形成的资本包括盈余公积和未分配利润。

3. 所有者权益的确认条件

所有者权益体现的是所有者在企业中的剩余权益，因此，所有者权益的确认主要依赖于其他会计要素，尤其是资产和负债的确认；所有者权益金额的确定也主要取决于资产和负债的计量。

所有者权益反映的是企业所有者对企业资产的索取权，负债反映的是企业债权人对企业资产的索取权，两者在性质上有本质区别，因此企业在会计确认、计量、记录和报告中应严格区分负债和所有者权益，如实反映企业的财务状况，尤其是企业的偿债能力和产权比率等。在实务中，企业某些交易或事项可能同时具有负债和所有者权益的特征，在这种情况下，企业应当将属于负债和所有者权益的部分分开核算和列报。例如，企业发行的可转换公司债券，企业应当将其中的负债部分和权益性工具部分进行分拆，分别确认负债和所有者权益。

（四）收入

1. 收入的含义与特征

收入是指企业在日常活动中所形成的、会导致所有者权益增加的、非所有者投入资本的经济利益的总流入。收入具有以下五个特征。

（1）收入从企业的日常活动中产生，而不是从偶发的交易或事项中产生。日常活动是指企业为完成其经营目标所从事的经常性活动及与之相关的活动。日常活动是区分收入和利得的关键判断依据。企业非日常活动所形成的经济利益的流入应确认为利得。如企业应将其房产出租而取得的租金确认为收入，而将该房出售的净收益确认为利得，但企业出售材料的收入应确认为收入。

（2）收入必然能导致企业所有者权益的增加。收入能增加所有者权益仅指收入本身对所有者权益的影响，如果收入扣除成本和费用之后的净额，则可能会导致所有者权益增加，也可能会造成所有者权益的减少。

（3）收入是与所有者投入无关的经济利益的总流入，所有者投入资本形成的经济利益的总流入不能构成收入，而应该确认为所有者权益的组成部分。

（4）收入可能表现为企业资产的增加，如增加银行存款和应收账款等；也可能表现为企业负债的减少，如以商品销售抵偿债务；或者二者兼而有之，如一部分收取货款，另一部分抵偿债务。

（5）收入只包括本企业经济利益的流入，不包括为第三方或客户代收的款项。

2. 收入的分类

收入按重要性不同，可划分为主营业务收入、其他业务收入。

（1）主营业务收入是指企业从事本行业生产经营活动所取得的收入。

（2）其他业务收入是指主营业务以外的其他日常活动所取得的收入，如工业企业销售材料、提供非工业性劳务所得等。

3. 收入的确认条件

当企业与客户之间的合同同时满足下列条件时，企业应当在客户取得相关商品控制权时确认收入。

（1）合同各方已批准该合同并承诺将履行各自义务。

（2）该合同明确了合同各方与所转让商品或提供劳务（以下简称“转让商品”）相关的权利和义务。

（3）该合同有明确的与所转让商品相关的支付条款。

（4）该合同具有商业实质，即履行该合同将改变企业未来现金流量的风险、时间分布或金额。

（5）企业因向客户转让商品而有权取得的对价很可能收回。

（五）费用

1. 费用的含义与特征

费用是企业在日常活动中发生的会导致所有者权益减少的、与向所有者分配利润无关的经济利益的总流出。费用具有以下四个特征。

（1）费用最终会导致企业资源的减少，这种减少具体表现为企业的资金支出。从这个意义上说，费用本质是资源流出企业，它与资源流入企业所形成的收入相反，也可理解为资产的耗费，其目的是为了取得收入，从而获得更多资产。

（2）费用最终会减少企业的所有者权益。一般而言，企业的所有者权益会随着收入的增长而增加；相反，费用的增加会减少所有者权益。但是所有者权益减少也不一定都列入费用，如企业偿债性支出和向投资者分配利润，显然减少了所有者权益，但不能归入费用。

（3）费用可能表现为资产的减少，如生产产品耗用材料等，也可能表现为负债的增加，如负担长期借款利息等，或者二者兼而有之，如发生一笔费用，部分以现金支付，部分以债务的方式支付。

（4）费用与向所有者分配利润无关。向所有者分配利润属于企业分配利润的内容，不构成企业的费用。

2. 费用的分类

费用可以按照不同的标准进行分类。

（1）费用按经济内容可以分为外购材料、外购燃料、外购动力，工资及职工福利费，折旧费，利息支出，税金及其他费用。按上述费用要素反映的费用称为要素费用。

（2）费用按经济用途可以分为生产成本和期间费用。生产成本是指企业为生产一定种类和数量的产品所发生的费用，即产品成本项目直接材料、直接人工和制造费用的总和。期间费用是指企业一定期间所发生的不能直接归属于某个特定产品的生产成本费用，归属于期间费用，在发生时直接计入当期损益，包括管理费用、财务费用和销售费用。费用按经济用途进行分类，能够明确反映直接用于产品生产的材料费用、工人工资及耗用于组织和管理生产经营活动上的各项支出，从而有助于企业了解费用计划、定额、预算等的执行情况，控制成本支出，加强成本管理和成本分析。

3. 费用的确认条件

在确认费用时，首先，应当划分生产费用与非生产费用的界限。生产费用是指与企业日常生产经营活动有关的费用，如生产产品所发生的原材料费用、人工费用等；非生产费用是指不属于生产费用的费用，如用于购建固定资产所发生的费用。

其次，应当分清生产费用与产品成本的界限。生产费用与一定的期间相联系，而与生产的产品无关；产品成本与一定品种和数量的产品相联系，且不论发生在哪一期。

再次，应当分清生产费用与期间费用的界限。生产费用应当计入产品成本，而期间费用直接计入当期损益。

费用的确认除应当符合定义外，也应当满足严格的条件，即费用只有在经济利益很可能流出从而导致企业资产减少或者负债增加，经济利益的流出额能够可靠计量时才能予以确认。因此，费用的确认至少应当符合以下条件。

（1）与费用相关的经济利益应当很可能流出企业。

（2）经济利益流出企业的结果会导致资产的减少或者负债的增加。

（3）经济利益的流出额能够可靠计量。

（六）利润

1. 利润的含义

利润是指企业在一定会计期间的最终经营成果。利润包括收入减去费用后的净额、直接计入当期利润的利得和损失等。

2. 利润的分类

利润按其构成的不同层次可划分为营业利润、利润总额和净利润。利润是衡量企业优劣的一个重要标志，往往是评价企业管理层业绩的一项重要指标，也是投资者等会计信息使用者进行决策的重要参考。

（1）营业利润是企业利润的主要来源。它是指企业在销售商品、提供劳务等日常活动中所产生的利润，其内容为主营业务利润和其他业务利润扣除期间费用之后的余额。

其中主营业务利润等于主营业务收入减去主营业务成本和主营业务应负担的流转税，通常也称为毛利。其他业务利润是其他业务收入减去其他业务支出后的差额。营业利润公式如下：

营业利润=主营业务利润+其他业务利润-销售费用-管理费用-财务费用

（2）利润总额是指企业在一定时期内通过生产经营活动所实现的最终财务成果，主要由营业利润和营业外收支净额两部分构成。其公式如下：

利润总额=营业利润+营业外收入-营业外支出

（3）净利润（收益）是指在利润总额中按规定缴纳了所得税以后公司的利润留存，一般也称为税后利润或净收入。其公式如下：

净利润=利润总额-所得税费用

3. 利润的确认条件

利润反映的是收入减去费用，利得减去损失后的净额的概念。因此，利润的确认主要依赖于收入、费用、利得和损失的确认，其金额的确定也主要取决于收入、费用、利得和损失金额的计量。

任务二　理解会计等式

「视频」

会计恒等式

任务描述

本任务的目标是理解“资产=负债+所有者权益”和“收入-费用=利润”这两个会计等式的原理与特征，通过本任务的学习，可以分析企业不同经济业务的发生对会计等式的影响。

一、会计等式

会计等式是在会计核算中反映各个会计要素经济关系的数学表达式，又称会计方程式、会计平衡公式、会计恒等式。它是各会计主体设置账户进行复式记账和编制财务报告的理论依据。会计等式有：“资产=负债+所有者权益”“收入-费用=利润”“资产+费用=负债+所有者权益+收入”。

1. 资产=负债+所有者权益

任何企业要从事生产经营活动，必定需要一定数量的资产。而每一项资产，如果一分为二地看，就不难发现，一方面，任何资产只不过是经济资源的一种实际存在或表现形式，或为机器设备，或为现金、银行存款等。另一方面，这些资产都是按照一定的渠道进入企业的，或由投资者投入，或通过银行借入等，即必定有其提供者。一般情况下，人们不会无偿地将经济资源（即资产）让渡出去，也就是说，企业中任何资产都有其相应的权益要求，谁提供了资产谁就对资产拥有索偿权，这种索偿权在会计上称为权益。这样就形成了最初的会计等式：

资产=权益

这一等式表明，会计等式之所以成立就是因为资产和权益是同一事物的两个方面：一方面是归企业所有的一系列资源（资产）；另一方面是对这些资源的一系列所有权（权益）。而且，由于权益要求表明资产的来源，而全部来源又必与全部资产相等，所以全部资产必须等于全部权益。

权益通常分为两种，一是以投资者的身份向企业投入资产而形成的权益，称为所有者权益；二是以债权人的身份向企业提供资产而形成的权益，称为债权人权益或负债。这样，上述等式又可表达成：

资产=负债+所有者权益

这一等式，称为财务状况等式，它反映了资产、负债和所有者权益三个会计要素之间的关系，揭示了企业在某一特定时点的财务状况。具体而言，它表明了企业在某一特定时点所拥有的各种资产及债权人和投资者对企业资产要求权的基本状况，表明企业所拥有的全部资产，都是由投资者和债权人提供的。

2. 收入-费用=利润

企业经营的目的在于获取利润，而利润的形成在于收入的取得能够抵减费用的消耗，在不考虑利得与损失的情况下，企业的收入扣除为获取收入而产生的费用得到的余额，便形成了利润，它们之间的关系可以表示为：

收入-费用=利润

这一会计等式，称为财务成果等式，又称为动态会计等式，它反映了收入、费用和利润三个会计要素的关系，揭示了企业在某一特定期间的经营成果。

二、会计等式间的钩稽关系

“资产=负债+所有者权益”反映的是企业某一时点的全部资产及其相应的来源情况，是反映资金运动的静态公式。“收入-费用=利润”反映的是某企业某一时期的盈利或亏损情况，是反映资金运动的动态公式，但仅这两个等式还不能完整反映会计六大要素之间的关系。

“资产=负债+所有者权益”与“收入-费用=利润”可合并为：

资产=负债+所有者权益+（收入-费用）

资产=负债+所有者权益+利润

资产+费用=负债+所有者权益+收入

企业定期结算并计算出取得的利润，取得的利润在按规定分配给投资者（股东）之后，余下的部分归投资者共同享有，也是所有者权益的组成部分。因此上述等式又变回：

资产=负债+所有者权益

三、经济业务的发生对会计等式的影响

经济业务又称会计事项，是指在经济活动中使会计要素发生增减变动的交易或者事项。在企业的经营活动中，经济业务的发生非常频繁，如购建资产、购买材料、发放工资等，经济业务的发生必然会引起资产、负债、所有者权益的增减变动，但无论怎么变动，都不会破坏会计等式的平衡关系。即无论发生什么样的经济业务，会计等式平衡关系恒成立，这是会计等式的重要特征。

虽然经济业务多种多样，但从其资产和权益的变化来看，可以概括为以下九种不同类型的经济业务。

（1）资产和负债要素同时等额增加。

（2）资产和所有者权益要素同时等额增加。

（3）资产和负债要素同时等额减少。

（4）资产和所有者权益要素同时等额减少。

（5）资产要素内部有关项目有增有减，也就是资产要素内部一项资产增加，另一项资产等额减少。

（6）负债要素内部有关项目有增有减，也就是负债要素内部一项负债增加，另一项负债等额减少。

（7）所有者权益要素内部有关项目有增有减，也就是所有者权益要素内部一项所有者权益增加，另一项所有者权益等额减少。

（8）一项负债增加，一项所有者权益等额减少。

（9）一项负债减少，一项所有者权益等额增加。

这九种业务类型，可以概括为：凡是发生的经济业务同时涉及会计等式两边要素的时候，表现为同增同减；凡是发生的经济业务只涉及会计等式一边要素的时候，表现为有增有减。概括如表 2-1 所示，其中“↑”表示增加，“↓”表示减少。

表 2-1　经济业务变化类型表

等　式	类　型	资　产	负　债	所有者权益	变　化
两边	1	↑	↑		同增同减
	2	↑		↑	
	3	↓	↓		
	4	↓		↓	

（续表）

等　式	类　型	资　产	负　债	所有者权益	变　化
一边	5	↑↓			有增有减
	6		↑↓		
	7			↑↓	
	8		↑	↓	
	9		↓	↑	

任务三　会计科目与账户

任务描述

本任务的目标是了解会计科目的含义，熟悉会计科目的分类及其具体内容，通过本任务的学习，可以做到将各种会计要素进行会计科目的划分，并清楚会计科目与账户的关系。

一、会计科目

（一）会计科目的含义

会计科目是为了满足会计确认、计量、记录和报告的需要，根据企业内部管理和外部信息的需要，对会计要素进行分类的项目，是对资金运动进行的第三层次的划分。由于会计要素已经对会计对象进行过一次划分，在此基础上进行的会计科目的划分，一定程度上满足了会计确认、计量、记录和报告的要求，能更真实地反映出企业的财务状况和经营成果，从而满足财务报告使用者的需求。

（二）会计科目的分类

为明确会计科目之间的相互关系，充分理解会计科目的性质和作用，进而更加科学规范地设置会计科目，以便更好地进行会计核算和会计监督，有必要对会计科目按一定的标准进行分类。分类的标准主要有两个：一是会计科目核算的归属分类；二是会计科目核算信息的详略程度。

1. 按所归属的会计要素划分

按所归属的会计要素进行划分，会计科目可分为：资产类科目、负债类科目、所有者权益类科目、损益类科目、成本类科目和共同类科目六大类。

（1）资产类科目。资产类科目是对资产要素的具体内容进行分类核算的科目，按资产的流动性可分为反映流动资产和反映非流动资产的科目。反映流动资产的科目有“库存现金”“银行存款”“原材料”“应收账款”等，反映非流动资产的科目有“固定资产”“无形资产”“长期应收款”等。

（2）负债类科目。负债类科目是对负债要素的具体内容进行分类核算的科目，按负债的流动性可分为反映流动负债和反映非流动负债的科目。反映流动负债的科目有“短期借款”“应付账款”“预收账款”“应交税费”“应付职工薪酬”等，反映非流动负债的科目有“长期借款”“应付债券”“长期应付款”等。

（3）所有者权益类科目。所有者权益类科目是对所有者权益要素的具体内容进行分类核算的科目，按权益的形成和性质分为“实收资本”“资本公积”“盈余公积”等科目。

（4）损益类科目，主要反映企业在生产经营过程中取得的各项收入和发生的各项费用，按损益的不同内容可以分为反映收入的科目和反映费用的科目。反映收入的科目主要包括“主营业务收入”和“其他业务收入”等科目；反映费用的科目主要包括“主营业务成本”、“其他业务成本”、“管理费用”、“财务费用”、“销售费用”及“所得税费用”等科目。

（5）成本类科目。成本类科目是反映成本费用和支出，用于核算成本的发生和归集情况，提供成本相关会计信息的会计科目。对成本费用和支出的不同内容进行分类，可以分为“生产成本”、“制造费用”、“劳务成本”、“研发支出”和“工程施工”等科目。

（6）共同类科目。共同类科目是既有资产性质又有负债性质的科目，主要包括“外汇买卖”“清算资金”“衍生工具”“套期工具”等科目，共同类科目多为金融、保险、投资、基金等公司使用，所以本书不做过多介绍。

2. 按所提供信息的详细程度及其统驭关系划分

按所提供信息的详细程度及其统驭关系进行划分，会计科目可分为总分类科目、明细分类科目。

（1）总分类科目（一级科目或总目）是对会计要素具体内容进行总括分类，提供总括信息的会计科目。

（2）明细分类科目是对总分类科目做进一步分类，提供更详细、更具体会计信息的科目。按照科目分类的详细程度不同，可分为子目和细目，也可以按科目由上至下的隶属关系，从总账科目开始依次分为一级科目、二级科目、三级科目。

（三）会计科目的设置

1. 会计科目的设置原则

各单位由于经济业务活动的具体内容、规模大小与业务繁简程度等情况不尽相同，在具体设置会计科目时，应考虑其自身特点和具体情况。会计科目作为向投资者、债权人、企业经营管理者等提供会计信息的重要工具，在其设置过程中应努力做到科学、合理、适用，应遵循下列原则。

（1）全面性原则。会计科目是对会计要素具体内容进行分类核算，科目的设置应能保证对各会计要素做全面地反映，形成一个完整的体系。

（2）合法性原则。合法性原则是指所设置的会计科目应当符合国家会计制度的统一规定。中国现行的会计制度中对企业设置的会计科目做出了统一规定，以保证不同企业对外提供的会计信息的可比性。企业应当参照会计制度中统一规定的会计科目，根据自身的实际情况设置会计科目，但其设置的会计科目不得违反现行会计制度的规定。对于国家会计制度统一规定的会计科目，企业可以根据自身的生产经营特点，在不影响统一会计核算要求及对外提供统一的财务报表的前提下，自行增设、减少或合并某些会计科目。

（3）相关性原则。相关性原则是指所设置的会计科目应当为提供有关各方所需要的会计信息服务，满足对外报告与对内管理的要求。根据《企业会计准则——基本准则》的规定，企业财务报告提供的信息必须满足对内对外各方面的需要，而设置会计科目必须服务于会计信息的提供，必须与财务报告的编制相协调、相关联。

（4）清晰性原则。会计科目作为对会计要素分类核算的项目，要求简单明确，字义相符，通俗易懂。同时，企业对每个会计科目所反映的经济内容也必须做到界限明确，既要避免不同会计科目所反映的内容重叠的现象，也要防止全部会计科目未能涵盖企业某些经济内容的现象。

（5）简要实用原则。在合法性的基础上，企业应当根据组织形式、所处行业、经营内容、业务种类等自身特点，设置符合企业需要的会计科目。会计科目设置应该简单明了、通俗易懂、突出重点，对不重要的信息进行合并或删减。要尽量使读者一目了然，便于理解。

2. 常见的会计科目

我国《企业会计准则——应用指南》中规定了企业的会计科目，其中，一般企业常用的会计科目如表2-2所示。

表 2-2　企业常用会计科目

序　　号	编　　号	会计科目名称	序　　号	编　　号	会计科目名称
		一、资产类	33	1604	在建工程
1	1001	库存现金	34	1605	工程物资
2	1002	银行存款	35	1606	固定资产清理
3	1012	其他货币资金	36	1701	无形资产
4	1101	交易性金融资产	37	1702	累计摊销
5	1121	应收票据	38	1703	无形资产减值准备
6	1122	应收账款	39	1711	商誉
7	1123	预付账款	40	1801	长期待摊费用
8	1131	应收股利	41	1811	递延所得税资产
9	1132	应收利息	42	1901	待处理财产损溢
10	1221	其他应收款			二、负债类
11	1231	坏账准备	43	2001	短期借款
12	1401	材料采购	44	2101	交易性金融负债
13	1402	在途物资	45	2201	应付票据
14	1403	原材料	46	2202	应付账款
15	1404	材料成本差异	47	2203	预收账款
16	1405	库存商品	48	2211	应付职工薪酬
17	1406	发出商品	49	2221	应交税费
18	1407	商品进销差价	50	2231	应付利息
19	1408	委托加工物资	51	2232	应付股利
20	1411	周转材料	52	2241	其他应付款
21	1471	存货跌价准备	53	2401	递延收益
22	1501	持有至到期投资	54	2501	长期借款
23	1502	持有至到期投资减值准备	55	2502	应付债券
24	1503	可供出售金融资产	56	2701	长期应付款
25	1511	长期股权投资	57	2702	未确认融资费用
26	1512	长期股权投资减值准备	58	2711	专项应付款
27	1521	投资性房地产	59	2801	预计负债
28	1531	长期应收款	60	2901	递延所得税负债
29	1532	未实现融资收益			三、所有者权益类
30	1601	固定资产	61	4001	实收资本
31	1602	累计折旧	62	4002	资本公积
32	1603	固定资产减值准备	63	4101	盈余公积

（续表）

序　号	编　号	会计科目名称	序　号	编　号	会计科目名称
64	4103	本年利润	74	6111	投资损益
65	4104	利润分配	75	6301	营业外收入
66	4201	库存股	76	6401	主营业务成本
		四、成本类	77	6402	其他业务支出
67	5001	生产成本	78	6403	税金及附加
68	5101	制造费用	79	6601	销售费用
69	5201	劳务成本	80	6602	管理费用
70	5301	研发支出	81	6603	财务费用
		五、损益类	82	6701	资产减值损失
71	6001	主营业务收入	83	6711	营业外支出
72	6051	其他业务收入	84	6801	所得税费用
73	6101	公允价值变动损益	85	6901	以前年度损益调整

二、会计账户

（一）会计账户的含义及分类

1. 会计账户的含义

会计账户（简称账户）是根据会计科目设置的，具有一定的格式和结构，用来全面、系统、连续地记录经济业务，反映会计要素增减变动及其结果的工具。每一个账户都有一个简明的名称，用以说明该账户的经济内容。会计科目就是会计账户的名称。

2. 会计账户的分类

（1）按经济内容划分。会计账户按经济内容进行分类，其分类标准的实质是按照会计对象的具体内容进行的分类。如前所述，经济组织的会计对象就其具体内容而言，可以归结为资产、负债、所有者权益、收入、费用和利润六个会计要素。由于利润一般隐含在收入与费用的配比中。因此，从满足管理和会计信息使用者需要的角度考虑，账户按其经济内容可以分为资产类账户、负债类账户、所有者权益类账户、成本类账户和损益类账户五类。

（2）按提供指标的详细程度划分。会计账户按提供指标的详细程度不同，分为总分类账户和明细分类账户。总分类账户和所属明细分类账户核算的内容相同，只是反映内容的详细程度有所不同，两者相互补充，相互制约。总分类账户统驭和控制所属明细分类账户，明细分类账户从属于总分类账户。

（二）会计账户的功能及结构

1. 会计账户的功能

会计账户的功能在于连续、系统、完整地提供企业经济活动中各会计要素增减变动及其结果的具体信息。

会计要素在特定会计期间增加和减少的金额，分别称为账户的“本期增加发生额”和“本期减少发生额”，两者统称为账户的“本期发生额”。会计要素在会计期末的增减变动结果，称为账户的“余额”，账户上期的期末余额转入本期，即为本期的期初余额；账户本期的期末余额转入下期，即为下期的期初余额。

账户的期初余额、期末余额、本期增加发生额和本期减少发生额统称为账户的四个金额要素。它们之间的关系可以总结为如下公式：

期末余额=期初余额+本期增加发生额-本期减少发生额

2. 会计账户的结构

为了分类、连续、系统地记录各项经济业务所引起的各个会计要素的增减变动情况及其结果，账户不但要有明确的核算内容，而且要有一定的结构。账户的结构是指账页的具体格式。

企业发生经济业务后所引起的各个会计要素的变动虽然错综复杂，但从数量上看不外乎增加和减少两种情况。因此账户的结构可划分为左、右两边，一边登记增加，另一边登记减少。具体哪边登记增加，哪边登记减少，则由经济业务和账户的性质决定。一个完整的账户通常应该包括以下内容：

（1）账户名称（即会计科目）。

（2）日期（即所依据记账凭证中注明的日期）。

（3）凭证字号（即所依据记账凭证的编号）。

（4）摘要（概括说明经济业务的内容）。

（5）金额（增加额、减少额和余额）。

账户的基本结构如表 2-3 所示。

表 2-3 账户的基本结构

账户名称（会计科目）

年		凭证编号	摘要	借方	贷方	借或贷	余额
月	日						

为了方便教学，上述账户的基本结构可简化为“T”形账户或者“丁”字形账户。“T”形账户由三部分组成：①账户名称；②左方；③右方，其结构如图 2-2 所示。

图 2-2 “T”形账户的结构

三、会计科目与账户的关系

会计科目与账户既相互区别，又紧密联系。

区别在于，会计科目是对会计对象的具体内容进行分类的项目，它没有一定的结构形式，不能把发生的经济业务连续、系统地记录下来。而会计账户是对会计科目所反映的经济业务内容，按一定的格式，进行连续、系统地记录的一种工具。

联系在于，会计账户由账户名称和账户结构两个部分组成，账户的名称以会计科目来设置。所以，会计科目是设置会计账户的依据，会计账户则是对会计科目所规定的内容的具体运用。只有将会计科目与会计账户结合起来，每一个会计科目都在账簿上开设一个账户，才有利于从事日常会计的核算工作。

「视频」

区别科目与账户

【知识巩固】

一、单选题

1．可以在一年或超过一年的一个营业周期内变现或耗用的资产，称为（　　）。

A．费用　　B．流动资产　　C．存货　　D．短期资产

2．以下项目中属于流动负债的是（　　）。

A．借入六个月期借款　　B．借入三年期借款

C．发行的公司债券　　D．收外单位投资款

3．企业向投资者分配利润的重要依据是（　　）。

A．实收资本　　B．资本公积　　C．盈余公积　　D．未分配利润

4．企业资产总额为 120 000 元，负债总额为 50 000 元，则企业所有者权益总额为（　　）元。

A．120 000　　B．50 000　　C．70 000　　D．170 000

5．经济业务发生如涉及负债和所有者权益两个会计要素，则会引起这两个要素（　　）。

A．同时增加　B．同时减少　C．一增一减　D．不变动

6．会计科目是（　　）。

A．会计要素的名称　B．账户的名称

C．账簿的名称　D．会计报表的名称

7．工业企业将闲置的固定资产出租取得的租金属于（　　）。

A．销售商品收入　B．提供劳务收入

C．让渡资产使用权收入　D．主营业务收入

8．下列事项中，一个会计主体不可能发生的有（　　）。

A．资产与所有者权益以相等金额同时增加或同时减少

B．资产与负债以相等金额一增一减

C．两个资产项目以相等的金额一增一减

D．负债与所有者权益以相等的金额一增一减

9．以下经济业务中会使企业资产总额增加的是（　　）。

A．以银行存款购买设备　B．从银行借入三年期借款

C．以银行存款偿还到期借款　D．以盈余公积转增资本

10．企业在日常活动中发生的、会导致所有者权益减少的、与向所有者分配利润无关的经济利益的总流出称为（　　）。

A．损失　B．亏损　C．费用　D．成本

二、多选题

1．收入的实现会影响的会计要素是（　　）。

A．负债　B．利润　C．资产　D．费用

2．所有者权益包括（　　）。

A．银行借款　B．实收资本　C．资本公积　D．未分配利润

3．会计科目按其所提供信息的详细程度及其统驭关系分为（　　）。

A．总分类科目　B．资产类会计科目

C．负债类会计科目　D．明细分类科目

4．下列各项中，属于所有者权益的是（　　）。

A．实收资本　B．应收利息　C．资本公积　D．未分配利润

5．下列属于资产类的会计科目是（　　）。

A．库存现金　B．预付账款　C．资本公积　D．主营业务收入

6．以下会计要素中，反映企业财务状况的是（　　）。

A．资产　B．负债　C．所有者权益　D．收入

7．下列各要素中，因费用的发生可能产生影响的是（　　）。

A．资产　B．负债　C．所有者权益　D．利润

8．对企业资产享有权益的有（　　）。

A．投资人　B．债务人　C．债权人　D．企业职工

9．一项所有者权益增加的同时，引起的另一方面变化可能是（　　）。

A．一项资产增加　B．另一项所有者权益减少

C．一项负债增加　D．一项负债减少

10．以下经济业务中，属于资产内部一增一减的有（　　）。

A．从银行提取现金　B．投资者向企业投入设备

C．以银行存款购买机器设备　D．收回应收账款

三、判断题

1．反映企业财务状况的会计要素是收入、费用和利润。（　　）

2．从某种意义上讲，费用的发生会导致所有者权益减少，有时还会引起负债的增加。（　　）

3．企业无论发生哪一种类型的经济业务，都不会破坏“资产=负债+所有者权益”这个会计等式。（　　）

4．企业与供货单位签订了35万元的供货合同，因此就可认定企业的资产和负债同时增加了35万元。（　　）

5．会计科目按其反映的经济内容不同分为总分类科目和明细分类科目。（　　）

6．资产包括固定资产和流动资产。（　　）

7．资产和权益在数量上总是相等的。（　　）

8．经济业务的发生使一个所有者权益项目增加的同时，使一个负债项目减少。（　　）

项目三

借贷记账法

学习目标

1. 了解复式记账法的概念和种类
2. 熟悉借贷记账法的原理
3. 熟练编写会计分录
4. 能够编制试算平衡表

任务一　借贷记账法原理

任务描述

本任务的目标是了解复式记账法的概念及种类，掌握借贷记账法的记账规则及借贷记账法下账户的结构，从而掌握编制会计分录的方法。通过本任务的学习，能够熟练编制会计分录，并完成试算平衡。

一、复式记账法

复式记账法是指以会计等式“资产=负债+所有者权益”为依据建立的一种科学记账方法。对发生的每一笔经济业务，都要同时在两个或两个以上相互联系的账户中进行登记，系统地反映资金运动变化结果的一种记账方法。简单说来，即每一笔经济业务的发生，都至少引起两个或两个以上账户发生变化，且变动金额是相等的。复式记账法按种类的不同又分为借贷记账法、收付记账法和增减记账法。其中借贷记账法是目前最成熟、完善和科学的复式记账法，多为企业所采用。

复式记账法有以下几个特点。

（1）账户设置完整，使发生的经济业务得到全面、系统的反映。

（2）对每一项经济业务，都必须同时在两个或两个以上相互联系的账户中做双重记录。

（3）对每一项经济业务，都要以相等的金额进行分类登账，并以双重记录为基础对账户记录及其结果进行试算平衡。

二、借贷记账法含义及结构

（一）借贷记账法的含义

借贷记账法是以借、贷作为记账符号，以“资产=负债+所有者权益”的会计等式为理论依据，对发生的每一项经济业务，遵循“有借必有贷，借贷必相等”的记账规则，在账户中记录项目的增减变动情况和结果的一种复式记账法。

（二）借贷记账法的结构

1．借贷记账法基本结构

在借贷记账法下，账户的左方为借方，右方为贷方。所有账户的借方和贷方按相反方向记录增加数和减少数，即一方登记增加，另一方登记减少。借方或贷方哪一方登记增加数，哪一方登记减少数，则取决于账户所反映的经济业务和性质。

一般情况下，资产类、成本类和费用类账户，借方表示增加，贷方表示减少；负债类、所有者权益类和收入类账户，贷方表示增加，借方表示减少。如果某账户存在备抵账户，则备抵账户的结构与其所调整的账户的结构相反。

2．借贷记账法账户结构

（1）资产类账户结构。资产类账户借方登记资产的增加额，贷方登记资产的减少额，余额一般在借方。资产类账户的结构如图 3-1 所示。

借方　　资产类账户　　贷方

期初余额	×××		
本期增加发生额	×××	本期减少发生额	×××
	×××		×××
本期借方发生额合计	×××	本期贷方发生额合计	×××
期末余额	×××		

图 3-1　资产类账户结构

资产类账户的期末余额计算公式表示为：

期末余额=期初余额+本期借方发生额-本期贷方发生额

（2）成本类账户结构。成本类账户与资产类账户的结构基本相同，即借方登记成本的增加额，贷方登记成本的减少额，期末若有余额，应在借方。成本类账户的结构如图 3-2 所示。

借方　　成本类账户　　贷方

期初余额	×××		
本期增加发生额	×××	本期减少发生额	×××
	×××		×××
本期借方发生额合计	×××	本期贷方发生额合计	×××
期末余额	×××		

图 3-2　成本类账户结构

成本类账户的期末余额计算公式表示为：

期末余额=期初余额+本期借方发生额-本期贷方发生额

（3）负债和所有者权益类账户结构。借方登记负债和所有者权益的减少额；贷方登记负债和所有者权益的增加额，余额一般在贷方，有些账户可能无余额。负债和所有者权益类账户的结构如图 3-3 所示。

借方　　负债和所有者权益类账户　　贷方

		期初余额	×××
本期减少发生额	×××	本期增加发生额	×××
	×××		×××
本期借方发生额合计	×××	本期贷方发生额合计	×××
		期末余额	×××

图 3-3　负债及所有者权益类账户结构

负债和所有者权益类账户期末余额计算公式表示为：

期末余额=期初余额+本期贷方发生额-本期借方发生额

（4）损益类账户结构。损益类账户包括收入类账户和费用类账户。由于在每期期末，收入和费用都要转入“本年利润”账户中计算当期损益，所以损益类账户期末一般无余额。

① 收入类账户结构。收入的增加将会引起企业利润的增加，利润在未分配利润前形成了所有者权益。因此，收入类账户的结构和所有者权益类账户的结构相似。借方登记收入的减少额和转销额；贷方登记收入的增加额。本期收入净额在期末转入“本年利润”账户，用以计算当期损益，结转后无余额。收入类账户的结构如图 3-4 所示。

借方	收入类账户		贷方
本期减少发生额	×××	本期增加发生额	×××
	×××		×××
本期借方发生额合计	×××	本期贷方发生额合计	×××

图 3-4 收入类账户结构

② 费用类账户结构。费用作为收入的抵减项，其账户的结构和收入类账户的结构相反。借方登记费用的增加额；贷方登记费用的减少额和转销额。本期费用净额在期末转入“本年利润”账户，用以计算当期损益，结转后无余额。费用类账户的结构如图 3-5 所示。

借方	费用类账户		贷方
本期增加发生额	×××	本期减少发生额	×××
	×××		×××
本期借方发生额合计	×××	本期贷方发生额合计	×××

图 3-5 费用类账户结构

在借贷记账法下，各类账户的基本结构可以概括为表 3-1 的内容。

表 3-1 账户的基本结构

账 户	借 方	贷 方	余 额 方 向
资产类	增加	减少	借方
费用类	增加	减少或转销	一般无余额
成本类	增加	减少或转销	借方
负债类	减少	增加	贷方
所有者权益类	减少	增加	贷方
收入类	减少或转销	增加	一般无余额

综上所述，各类账户结构简记：资产、成本、费用类账户结构相同，借方登记增加额，贷方登记减少额；负债、所有者权益、收入类账户结构相同，借方登记减少额，贷方登记增加额。

（三）借贷记账法的记账规则

记账规则是指在账户中记录经济业务时所应遵循的规则。借贷记账法的记账规则为“有借必有贷，借贷必相等”，即以借、贷作为记账符号，对于发生的每一笔经济业务，都要以相等的金额、相反的方向，在两个或两个以上相互联系的会计账户中进行登记。

（1）在运用借贷记账法记账时，对每项经济业务，既要记录一个（或几个）账户的借方，又必然要记录另一个（或几个）账户的贷方，即“有借必有贷”；账户借方记录的金额必然等于账户贷方的金额，即“借贷必相等”。

（2）所记录的账户可以是同类账户，也可以是不同类账户，但必须是两个记账方向，既不能都记入借方，也不能都记入贷方。

（3）记入借方的金额与记入贷方的金额必须相等。

（四）借贷记账法记账规则运用示例

【例 3-1】2020 年 2 月 1 日，光华公司收到投资款 500 000 元，存入银行。

该项经济业务的发生，一方面使光华公司的银行存款增加 500 000 元，另一方面该公司的所有者权益中实收资本增加 500 000 元。

“实收资本”属于所有者权益类账户，“银行存款”属于资产类账户，增加记入借方，增加记入贷方。将该笔经济业务在这两个账户中登记如图 3-6 所示。

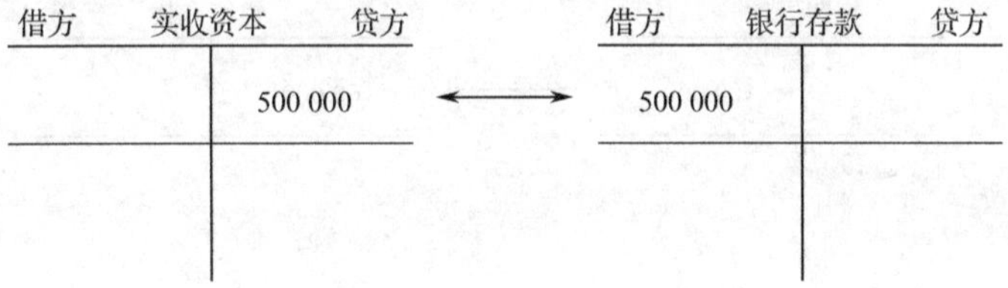

图 3-6　经济业务示意图

【例 3-2】2020 年 2 月 8 日，光华公司用价值 350 000 元库存商品抵偿所欠 A 公司的货款。

该项经济业务的发生，一方面使光华公司库存商品减少 350 000 元，另一方面使该公司的应付账款减少 350 000 元。

“库存商品”属于资产类账户，减少记入贷方，“应付账款”属于负债类账户，减少记入借方。将该笔经济业务在这两个账户中登记如图 3-7 所示。

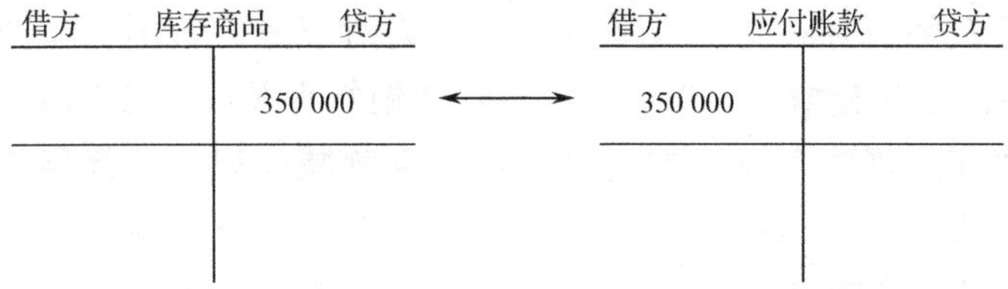

图 3-7　经济业务示意图

【例 3-3】2020 年 2 月 19 日，光华公司从银行提取现金 300 000 元，准备发放工资。

该项经济业务的发生，一方面使光华公司库存现金增加 300 000 元，另一方面使该公司银行存款减少 300 000 元。

“银行存款”和“库存现金”均属于资产类账户，“银行存款”减少记入贷方，“库存现金”增加记入借方。将该笔经济业务在这两个账户中登记如图 3-8 所示。

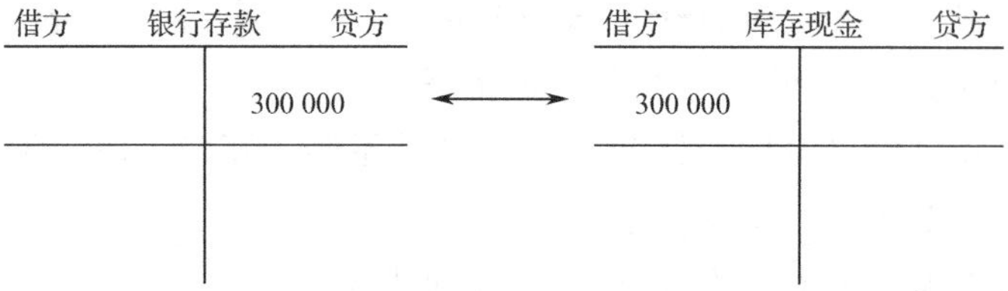

图 3-8　经济业务示意图

【例 3-4】2020 年 2 月 25 日，光华公司向银行借入短期借款 100 000 元，用以偿还所欠 C 公司的货款。

该项经济业务的发生，一方面使光华公司的银行存款增加 100 000 元，另一方面使该公司的短期借款增加 100 000 元。

“短期借款”属于负债类账户，增加记入贷方，“银行存款”属于资产类账户，增加记借方。将该笔经济业务在这两个账户中登记如图 3-9 所示。

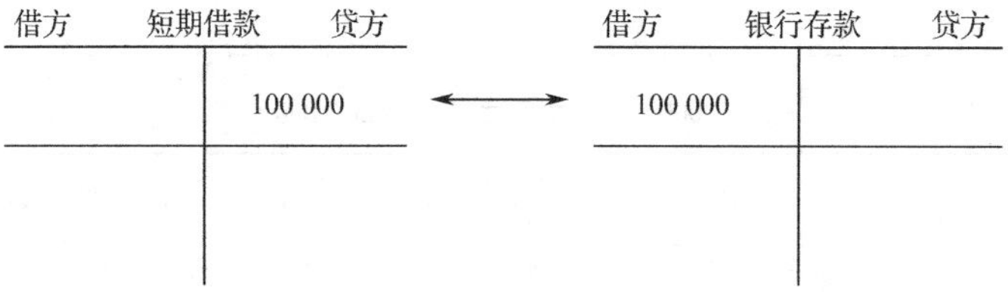

图 3-9　经济业务示意图

三、借贷记账法下的账户对应关系与会计分录

（一）账户对应关系

账户对应关系是指采用借贷记账法对每笔经济业务或事项进行记录时，相关账户之间形成的应借应贷关系，存在对应关系的账户称为对应账户。例如，企业从银行提备用金 2 000 元的业务，使现金增加 2 000 元，同时使银行存款减少 2 000 元。按账户结构规定，现金增加记“库存现金”账户的借方，银行存款减少记“银行存款”账户的贷方。那么“库存现金”账户与“银行存款”账户在这里存在对应关系，它们是对应账户。

账户对应关系的意义有两点。

（1）通过账户对应关系，可以了解经济业务内容及其所引起的资金增减变动情况。

（2）通过账户对应关系，可以检查账务处理是否合理合法，可以发现对经济业务的处理是否符合有关经济法规和财务会计制度。

（二）会计分录

1. 会计分录的含义

会计分录是指经济业务发生时，按照记账规则的要求，确定并列示应借应贷账户的名称及其金额的一种简明记录，简称分录。会计分录的构成包括三要素，即应借应贷方向、对应账户的名称和应记金额。在会计实务工作中，会计分录记载于记账凭证中。

2. 会计分录的分类

按所涉及的账户个数，可将会计分录分为简单会计分录和复合会计分录两种。

（1）简单会计分录是指只涉及一个账户借方和另一个账户贷方的会计分录，即一借一贷的会计分录。

（2）复合会计分录是指由两个以上对应账户所组成的会计分录，包括一借多贷、多借一贷和多借多贷三种类型。

3. 会计分录的书写格式

在借贷记账法下，会计分录编制的格式如下。

（1）先借后贷，分行列示。借和贷要分行写，并且文字和金额的数字都应错开；在一借多贷或一贷多借的情况下，要求借方或贷方的文字和金额数字必须对齐。

（2）金额相等，借贷错位。需要指出的是，为了保证账户对应关系的清楚，一般不宜把不同经济业务合并在一起编制多借多贷的会计分录。但在某些特殊情况下为了反映经济业务的全貌，也可以编制多借多贷的会计分录。

会计分录的格式举例如下。

借：一级科目　　　　　　　　　　　　　20 000
　　一级科目——二级科目　　　　　　　　200
　　　　　　——二级科目　　　　　　　　300
　　贷：一级科目——二级科目　　　　　　　5 000
　　　　　　　　——二级科目　　　　　　　6 000
　　　　一级科目——二级科目（三级科目）　9 500

4. 会计分录的编制步骤

编制会计分录时，可以按照以下步骤进行。

（1）分析经济业务或事项，列出所涉及的会计科目。

（2）分析各会计科目的金额增减变动情况。

（3）根据会计科目的性质和账户结构，判断应记入会计科目的借贷方向。

（4）根据借贷记账法的记账规则，确定应借应贷会计科目是否正确，其金额是否相等。

（5）根据会计分录的格式要求，编制完整的会计分录。

现就上述所举光华公司的四笔经济业务，编制会计分录如下。

① 借：银行存款　　500 000
　　贷：实收资本　　500 000

② 借：应付账款　　350 000
　　贷：库存商品　　350 000

③ 借：库存现金　　300 000
　　贷：银行存款　　300 000

④ 借：银行存款　　100 000
　　贷：短期借款　　100 000

【例 3-5】光华公司 2020 年 10 月 8 日购买了一台机器设备共计 800 000 元，其中银行存款支付 300 000 元，剩下的以应付账款的方式支付。10 月 20 日，光华公司用银行存款支付前欠货款。（假定不考虑增值税）

光华公司 8 日、20 日的经济业务编制如下会计分录。

8 日

借：固定资产　　800 000
　　贷：银行存款　　300 000
　　　　应付账款　　500 000

20 日

借：应付账款　　500 000
　　贷：银行存款　　500 000

四、借贷记账法下的试算平衡

（一）试算平衡的含义

试算平衡就是指利用“资产=负债+所有者权益”的平衡原理，按照记账规则的要求，通过汇总、计算和比较，来检查会计账户处理和账簿记录的正确性、完整性的一种方法。

（二）试算平衡的分类

试算平衡可以分为发生额试算平衡和余额试算平衡。

1. 发生额试算平衡

发生额试算平衡是指一定时期全部账户借方发生额合计等于该时期内全部账户贷方发生额合计，这是由“有借必有贷，借贷必相等”的记账规则决定的。对于某个会计期间内发生的每一项经济业务，在记入一个账户借方或贷方的同时必然记入另一个账户的贷方或借方，而且金额相等。发生额试算平衡的公式为：

全部账户本期借方发生额合计=全部账户本期贷方发生额合计

发生额试算平衡的直接依据是借贷记账法的记账规则。

根据【例 3-1】～【例 3-4】中光华公司发生的经济业务，可以为其编制发生额试算平衡表，如表 3-2 所示（【例 3-1】～【例 3-4】的经济事项用①～④表示。）

表 3-2　光华公司 2 月发生额试算平衡额

单位：元

账户名称	本期发生额	
	借　方	贷　方
库存现金	③300 000	
银行存款	①500 000　④100 000	③300 000
库存商品		②350 000
应付账款	②350 000	
短期借款		④100 000
实收资本		①500 000
合　计	1 250 000	1 250 000

2. 余额试算平衡

余额试算平衡是指通过全部账户借方期末（初）余额合计与全部账户贷方期末（初）余额合计的恒等关系，来检验本期账户记录是否正确的一种方法。其公式如下：

全部账户的借方期初余额合计=全部账户的贷方期初余额合计

全部账户的借方期末余额合计=全部账户的贷方期末余额合计

余额试算平衡的直接依据是财务状况等式，即“资产=负债+所有者权益”。

现假定光华公司 2020 年 2 月有关账户的期初余额如表 3-3 所示。

表 3-3　2020 年 2 月光华公司会计科目期初余额

单位：元

账户名称	期初余额	
	借　方	贷　方
库存现金	10 000	
银行存款	500 000	
库存商品	620 000	
应付账款		380 000
短期借款		50 000
实收资本		700 000
合　计	1 130 000	1 130 000

因此，根据表 3-2 和表 3-3，可编制光华公司的余额试算平衡表，如表 3-4 所示。

表 3-4 光华公司余额试算平衡表

单位：元

账户名称	期初余额		本期发生额		期末余额	
	借方	贷方	借方	贷方	借方	贷方
库存现金	10 000		300 000		310 000	
银行存款	500 000		600 000	300 000	800 000	
库存商品	620 000			350 000	270 000	
应付账款		380 000	350 000			30 000
短期借款		50 000		100 000		150 000
实收资本		700 000		500 000		1 200 000
合计	1 130 000	1 130 000	1 250 000	1 250 000	1 380 000	1 380 000

（三）试算平衡表的编制

试算平衡通过编制试算平衡表进行。试算平衡表中一般设置“期初余额”、“本期发生额”和“期末余额”三大栏目，其下分设“借方”和“贷方”两个小栏目。各大栏目中的借方合计与贷方合计应该相等。

虽然试算平衡表都是按照借贷双方或会计等式的平衡关系编制的，但也存在一些缺陷。因为有些错误并不影响平衡，主要包括以下情况。

（1）漏记，漏记某项经济业务，使本期借贷双方的发生额等额减少，借贷仍然平衡。

（2）重记，使本期借贷双方的发生额等额虚增，借贷仍然平衡。

（3）借贷方向颠倒，在某项经济业务的记录中，将应借应贷的方向颠倒，借贷双方的发生额在数量上保持不变，借贷仍然平衡。

（4）记错账户，在某项经济业务的记录中，将涉及的会计账户登记错误，但借方和贷方的发生额保持不变，借贷双方仍然平衡。

（5）多记与少记相互抵销，某会计期间，错误登记的账户中，多记或少记的发生额偶然抵消，借贷双方仍然平衡。

编制试算平衡表时，还应注意以下几点，以减少错误的发生。

① 必须保证所有会计账户的余额均已记入试算平衡表。

② 试算平衡表借贷不平衡，肯定是会计科目记录有错误，应立即查找更正，直到平衡。

③ 若出现漏记、重记等问题时，也可能出现试算平衡现象，所以试算平衡不能说明账户记录绝对正确。

任务二　总分类账户与明细分类账户

任务描述

本任务的目标是理解总分类账户与明细分类账户的含义与作用，从而掌握总分类账户和明细分类账户的平行登记方法。

一、总分类账户与明细分类账户的关系

总分类账户又称总账账户或一级账户，是根据总分类科目开设的账户，是对会计要素的具体内容进行总括反映的账户，是提供各种总括分类的核算资料的账户。总分类账户所提供的是综合资料，如“原材料”总分类账户提供的是企业全部原材料的增减变化及结存情况。

明细分类账户是指用来提供某一总分类账户所属较为详细经济信息的账户，用来对会计要素的具体内容进行明细分类核算的账户，简称明细账。

总分类账户与明细分类账户二者之间是密切相关的，总分类账户对所属明细分类账户起着控制和统驭作用，是明细分类账户的综合化；明细分类账户对其应属的总分类账户具有详细的补充说明作用，是总分类账户的具体化。二者结合，构成了完整的账户应用体系。总分类账户与明细分类账户的关系可以概括如下。

（1）总分类账户对明细分类账户具有统驭控制作用，明细分类账户对总分类账户具有补充说明作用。总分类账户与其所属明细分类账户在总金额上应当相等。

（2）对企业所发生的每项经济业务，都要以会计凭证为依据，一方面记入有关总分类账户，另一方面记入有关明细分类账户，记录时要以相同方向、相等的金额，在同一会计期间分别记入相关的总分类账户和明细分类账户。

二、总分类账户与明细分类账户的平行登记

平行登记是指对所发生的每项经济业务都要以会计凭证为依据，一方面记入有关总分类账户，另一方面记入所辖明细分类账户的方法。

总分类账户和明细分类账户，登记的会计凭证依据相同，核算内容相同，两者结合起来既总括又详细地反映同一事物。因此，总分类账户和明细分类账户必须平行登记。

总分类账户与明细分类账户平行登记的要点如下。

（1）依据相同。登记总分类账户与明细分类账户都要以相关的会计凭证为依据。

（2）同期登记。对于所发生的每一笔经济业务，根据有关会计凭证来进行全面的分

析，登记总分类账户的同时，还要在同一会计期间记入总分类账户所属的明细分类账户。

（3）同向登记。登记到总分类账户的方向和明细分类账户的借贷方向相同，也就是说如果在总分类账户的借方登记，也要在相应明细分类账户的借方登记；反之亦然。

（4）等额登记。在登记金额时，总分类账户的金额要与所属明细分类账户的金额总和相等。

现以“应付账款”账户为例，说明总分类账户和明细分类账户的平行登记方法和相互核对方法的使用。

【例 3-6】光华公司 2020 年 10 月初“应付账款”贷方余额如表 3-5 所示。

表 3-5 光华公司 2020 年 10 月初“应付账款”贷方余额表

单位：元

账户名称	期初贷方余额
应付账款	6 000
应付账款——A 单位	3 500
应付账款——B 单位	2 500

2020 年 10 月 15 日光华公司从 A 单位购买甲材料，价款 5 000 元，增值税 650 元；从 B 单位购买乙材料，价款 8 000 元，增值税 1 040 元。两种材料已入验收库，货款尚未支付。

第一步，该项经济业务发生后，编制会计分录如下：

借：原材料——甲材料　　5 000

　　　　　——乙材料　　8 000

　　应交税费——应交增值税（进项税额）　　1 690

　　贷：应付账款——A 单位　　5 650

　　　　　　　　——B 单位　　9 040

第二步，按照平行登记的步骤，上述业务既要在总账账户登记，也要在明细分类账户登记。现将月初余额、本期发生额平行登记在“应付账款”的总分类账户和明细分类账户中，如表 3-6～表 3-8 所示。

表 3-6 总分类账户

账户名称：应付账款　　　　单位：元

2020 年		凭证编号	摘要	借方	贷方	借或贷	余额
月	日						
10	1		期初余额			贷	6 000
10	15	转 1	购料欠款		14 690		20 690

表 3-7　明细分类账户

账户名称：应付账款——A 单位　　　　单位：元

2020 年		凭证编号	摘　要	借　方	贷　方	借或贷	余　额
月	日						
10	1		期初余额			贷	3 500
10	15	转 1	购料欠款		5 650		9 150

表 3-8　明细分类账户

账户名称：应付账款——B 单位　　　　单位：元

2020 年		凭证编号	摘　要	借　方	贷　方	借或贷	余　额
月	日						
10	1		期初余额			贷	2 500
10	15	转 1	购料欠款		9 040		11 540

第三步，编制总分类账户与明细分类账户本期发生额和余额核对表，如表 3-9 所示。

表 3-9　本期发生额和余额核对表

2020 年 10 月 31 日　　　　单位：元

总分类账户	明细分类账户	期初余额		本期发生额		期末余额	
		借　方	贷　方	借　方	贷　方	借　方	贷　方
应付账款			6 000		14 690		20 690
	A 单位		3 500		5 650		9 150
	B 单位		2 500		9 040		11 540

从表 3-9 中可以看到，“应付账款”总分类账户的本期发生额的合计数与其所属两个明细分类账户本期发生额的合计数之和相等；“应付账款”总分类账户的期末余额与其所属两个明细分类账户期末余额之和相等。

【知识巩固】

一、单选题

1．我国《企业会计准则》规定，企业会计核算应采用的记账方法是（　　）。

A．复式记账法　　B．增减记账法　　C．收付记账法　　D．借贷记账法

2．用来反映来源于盈利中的积累的会计科目为（　　）。

A．“实收资本”　　B．“资本公积”　　C．“盈余公积”　　D．“未分配利润”

3．用来反映本年度已实现利润的会计科目为（　　）。

A．“实收资本”　　B．“盈余公积”　　C．“本年利润”　　D．“利润分配”

4．以下会计账户中借方用来登记增加的是（　　）。

A．“生产成本”　　B．“应交税费”

C．“资本公积”　　D．“主营业务收入”

5．在借贷记账法下，账户的哪一方登记增加数，哪一方登记减少数，是由（　　）决定的。

A．账户的类别　　B．账户的性质

C．账户的结构　　D．账户的余额方向

6．下列会计分录中属于简单会计分录的是（　　）。

A．一借一贷　　B．一借多贷　　C．一贷多借　　D．多借多贷

7．在借贷记账法下，总分类账户的发生额试算平衡是依据（　　）确定的。

A．会计恒等式　　B．借贷记账法的记账规则

C．账户的性质　　D．经济业务的内容

8．在借贷记账法下，总分类账户的余额试算平衡公式的理论依据是（　　）。

A．会计恒等式　　B．借贷记账法的记账规则

C．账户的性质　　D．经济业务的内容

二、多选题

1．复合会计分录的表现形式，通常包括（　　）。

A．一借一贷　　B．一借多贷　　C．一贷多借　　D．多借多贷

2．借贷记账法的试算平衡包括（　　）。

A．发生额试算平衡　　B．余额试算平衡

C．差额试算平衡　　D．总账与明细账试算平衡

3．在编制“试算平衡表”时，若期初余额、本期发生额和期末余额的借方与贷方均平衡，则（　　）。

A．全部总账账户记录一定正确　　B．全部明细账户记录一定正确

C．全部总账账户记录也不能肯定无错　　D．全部明细账户记录也不能肯定无错

4．下列账户中与“应付账款”账户结构相同的有（　　）。

A．“累计折旧”　　B．“本年利润”　　C．“固定资产”　　D．“长期借款”

5．以下关于借贷记账法的表述正确的有（　　）。

A．是一种复式记账法

B．以“借”和“贷”为记账符号

C．以“有借必有贷，借贷必相等”为记账规则

D．可以通过试算平衡发现所有记账错误

6．借贷记账法中允许编制的会计分录有（　　）。

A．一借一贷　　B．一借多贷　　C．一贷多借　　D．多借多贷

7．总分类账户和明细分类账户平行登记的内容可以概括为（　　）。

A．等金额登记　　B．记账依据相同　　C．同时登记　　D．同方向登记

三、判断题

1．某一总账账户与其所属明细账户，它们所反映的对象和性质是相同的。（　　）
2．企业可以根据自身的业务特点自行设定会计科目。（　　）
3．“生产成本”科目反映的是正在加工中的在产品实际生产成本，属于资产类科目。（　　）
4．在借贷记账法下，账户中登记增加的一方为借方，登记减少的一方为贷方。（　　）
5．任何一笔复合会计分录都可以分解成若干笔简单会计分录。（　　）
6．某总分类账户的余额在借方，其所属的明细分类账户的余额也全部在借方。（　　）

四、练习借贷记账法

资料：南方公司 2020 年 5 月发生下列经济业务：
（1）向银行借入短期借款 46 000 元，存入银行。
（2）从银行提取现金 4 800 元备用。
（3）以银行存款 2 000 元偿还应付账款。
（4）投资者投入全新设备一台，价值 25 000 元。
（5）收到国家投资 100 000 元，存入银行。
（6）以银行存款购入原材料 17 000 元。
（7）赊购固定资产设备一台，价值 18 600 元。
（8）购入材料一批，计价 2 600 元，货款未付。
要求：
1．根据上述资料，分析说明每项经济业务发生会引起哪些会计要素的变化，用“T”形账户表现出来。
2．编制会计分录。

五、综合业务题

资料：思远公司 2020 年 7 月初有关账户余额如下：

库存现金	1 200 元	应付账款	12 000 元
银行存款	24 000 元	短期借款	15 000 元
应收账款	6 000 元	实收资本	72 200 元
原材料	12 000 元	固定资产	56 000 元

7 月发生下列业务：
（1）购入材料一批，价值 3 800 元，其中 3 000 元以银行存款支付，余款暂欠。（不

考虑增值税）

（2）接受投资者投入资金 30 000 元，存入银行。

（3）将现金 700 元存入银行。

（4）用银行存款归还短期借款 13 000 元。

（5）以银行存款 4 600 元归还前欠货款。

（6）收到应收账款 2 800 元，存入银行。

要求：

1. 编写上述经济业务的会计分录。

2. 用“T”形账户计算各账户的本期发生额和期末余额。

3. 编制试算平衡表。

第二篇

会计方法运用

项目四

制造业企业主要经济业务核算

学习目标

1. 熟悉筹资渠道，掌握筹资过程业务的核算
2. 明确采购成本的构成，掌握供应过程业务的核算
3. 明确生产耗费的内容，掌握生产过程业务的核算
4. 熟练掌握销售过程业务的核算
5. 熟练掌握财务成果汇总与分配的核算

任务一　筹资过程业务核算

「微课」

筹资过程业务核算

任务描述

本任务的目标是了解企业筹集资金的来源，明确企业资筹业务所涉及账户的核算内容。通过本任务的学习，能够对企业资筹业务进行正确的账务处理。

一、筹资过程业务核算的主要内容

创立与运营企业都离不开资金。资金的来源主要有两个渠道，一是投资者投入资金；二是向债权人借入资金。

1．投资者投入资金

投入资金按照投资主体不同，可分为国家投入资金、法人投入资金、个人投入资金

和外商投入资金四种；按照投入资金的不同物质形态，可分为货币资金投资、实物资产投资、无形资产投资等。通常投资者按照投资合同或协议约定的价值作为入账价值。以货币资金投资的，应按实际收到款项作为投资者的投资入账；以实物资产形式如固定资产、材料、无形资产投资的，应当进行合理的估价，按合同或协议约定价值作为投资额入账。

2. 向债权人借入资金

为了满足企业生产经营的需要，企业需要向银行或其他金融机构借入资金。按照借款偿还期限不同，可分为短期借款和长期借款。企业借入的偿还期在一年以内（含一年）的借款称为短期借款，借入的偿还期在一年以上的借款称为长期借款。借入款项，企业需要向债权人按期偿还本金和利息。

因而，筹资过程业务核算内容主要包括接受各种投资、取得借款、结算利息、偿还本息等。

二、筹资过程业务核算的主要账户

（1）“实收资本”账户是所有者权益类账户，核算投资者投入资本的增减变动及其结存情况。其借方登记投入资本的减少数；贷方登记收到投资者投入的资本，以及企业按规定将资本公积、盈余公积转增的资本。余额在贷方，表示期末投资者投入资本的实有数。本账户应按投资者名称设置明细分类账户，进行明细分类核算。

其“T”形账户结构如图 4-1 所示。

借方　　　　实收资本	贷方
投入资本的减少数	收到的投入资本等
	余额：投入资本的实有数

图 4-1 “实收资本”账户结构示意图

（2）“资本公积”账户是所有者权益类账户，核算企业收到投资者的超出其在注册资本（或股本）中所占份额的部分，以及其他资本公积等。借方登记由于资本公积转增资本等原因而使资本公积发生的减少数，贷方登记由于股票溢价发行、投资者超额缴入资本等原因而使资本公积发生的增加数。余额在贷方，表示期末企业资本公积的实际结存数。本账户应按资本公积形式的类别设置明细分类账户，进行明细分类核算。

其“T”形账户结构如图 4-2 所示。

借方　　　　资本公积	贷方
资本公积的减少数	资本公积的增加数
	余额：资本公积的结存数

图 4-2 “资本公积”账户结构示意图

（3）“短期借款”账户是负债类账户，核算企业向银行或其他金融机构借入的期限在一年以内（含一年）的各种借款。借方登记企业偿还的借款，贷方登记企业取得的各种短期借款。余额在贷方，表示企业尚未偿还的短期借款。本账户按债权人的名称设置明细分类账户，进行明细分类核算。短期借款的核算主要涉及三个方面：借入短期借款；预提短期借款利息；归还短期借款。

其“T”形账户结构如图 4-3 所示。

借方　　　　短期借款	贷方
借款偿还数	借款借入数
	余额：尚未偿还的借款数

图 4-3 “短期借款”账户结构示意图

（4）“财务费用”账户是损益类账户，核算企业为筹集生产经营资金等资金而发生的筹资费用，包括利息支出（减利息收入）、汇兑损益及相关的手续费等。借方登记企业发生的各项财务费用，贷方登记期末转入“本年利润”账户的财务费用，结转后，该账户无余额。本账户按财务费用项目设置明细分类账户，进行明细分类核算。

其“T”形账户结构如图 4-4 所示。

借方　　　　财务费用	贷方
财务费用发生数	期末转入“本年利润”账户数额
期末无余额	

图 4-4 “财务费用”账户结构示意图

（5）“应付利息”账户是负债类账户，核算企业因向银行或其他金融机构借入资金，按照合同约定应支付给债权人的利息。借方登记实际支付的利息，贷方登记按合同利率计算确定的本期应付利息数。余额一般在贷方，表示企业尚未支付的利息。

其“T”形账户结构如图 4-5 所示。

借方　　　　应付利息	贷方
实际支付的利息	本期发生的应付利息
	余额：尚未支付的利息

图 4-5 “应付利息”账户结构示意图

三、筹资过程业务核算示例

1. 投入资金

【例 4-1】光华公司由甲、乙、丙三方投资者组建，注册资本为 300 000 元，三方出资比例分别为 50%、30%和 20%。三方投入资本分别为 150 000 元、90 000 元和 60 000 元。各投资者的款项及时到账并存入银行。

该项经济业务的发生，一方面使企业的银行存款增加 300 000 元，另一方面使企业的所有者权益增加 300 000 元。应作会计分录如下：

借：银行存款　　　　　　　　　　300 000
　　贷：实收资本——甲　　　　　　　150 000
　　　　　　　——乙　　　　　　　　90 000
　　　　　　　——丙　　　　　　　　60 000

【例 4-2】接受新股东以一项账面原价为 60 000 元的专有技术投资，经有关部门评估，投资双方按协议约定，确认专有技术价值为 45 000 元。

该项经济业务的发生，一方面使企业的无形资产增加 45 000 元，另一方面使企业的所有者权益增加 45 000 元。应作会计分录如下：

借：无形资产　　　　　　　　　　45 000
　　贷：实收资本　　　　　　　　　　45 000

【例 4-3】公司经批准，用资本公积 80 000 元转增资本金。

该项经济业务的发生，一方面使企业的资本金增加 80 000 元，另一方面使企业的资本公积减少 80 000 元。应作会计分录如下：

借：资本公积　　　　　　　　　　80 000
　　贷：实收资本　　　　　　　　　　80 000

2. 借入资金

【例 4-4】光华公司 2020 年 7 月 1 日从银行借入期限为 6 个月、年利率为 4.8%的借款 150 000 元，款项已存入银行。借款到期一次还本付息。

（1）取得短期借款。该项经济业务的发生，一方面使企业的银行存款增加 150 000 元，另一方面使企业的短期借款增加 150 000 元。应作会计分录如下：

借：银行存款　　　　　　　　　　150 000
　　贷：短期借款　　　　　　　　　　150 000

（2）预提短期借款利息。利息属于企业财务费用内容之一，是企业使用借款应付出的代价。如果利息分期（季、半年）支付或到期一次支付且数额较大时，可采用预提的方法分期计入当期损益；这时，企业应于每月月末，按计算确定的短期借款利息金额，借记“财务费用”，贷记“应付利息”。

7 月底预提短期借款利息费用 600 元（150 000×4.8%÷12）时，应作会计分录如下：

借：财务费用　　　　　　　　　　　　600

　　贷：应付利息　　　　　　　　　　　　600

8 月底至 11 月底均要作上述会计分录。

（3）到期归还短期借款本息。

借：应付利息　　　　　　　　　　　3 000

　　财务费用　　　　　　　　　　　　600

　　短期借款　　　　　　　　　　150 000

　　贷：银行存款　　　　　　　　　　　153 600

任务二　供应过程业务核算

任务描述

本任务的目标是明确企业材料采购成本的构成，掌握供应过程业务所涉及账户的核算内容。通过本任务学习，能够对企业采购经济业务进行正确的账务处理。

一、供应过程业务核算的主要内容

供应过程是企业生产经营过程的准备阶段。为了保证生产过程的顺利开展，企业必须按计划采购材料，保质保量地投入生产过程，才能不断地满足生产产品的需要。因而，采购材料是供应过程重要业务之一。供应过程核算的主要内容是计算材料的采购成本和与供货单位发生的结算往来。

材料的采购成本由材料的买价与采购费用组成。买价是指购货发票上注明的货款；采购费用是指在材料的采购过程中发生的运杂费、装卸搬运费、运输途中发生的合理损耗及入库前的挑选整理费等。

对于采购费用，凡能分清归属对象的，可直接计入各种材料的采购成本；对于一次性购入多种材料而共同发生的采购费用，可根据购入材料的特点，以各种材料的重量、体积、买价等为分配标准，采用一定的分配方法，分别计入各种材料的采购成本。

二、供应过程业务核算的主要账户

（1）“在途物资”账户是资产类账户，核算企业采用实际成本（或进价）进行材料、商品等物资的日常核算、货款已付但尚未验收入库的各种物资的采购成本。借方登记材料的买价及采购费用，贷方登记转入“原材料”等账户的材料实际采购成本，余额一般在借方，表示在途材料的实际采购成本。本账户依据材料的具体品种、规格等设置明细分类账户，进行明细分类核算。

其“T”形账户结构如图 4-6 所示。

借方　　在途物资　　贷方

借方	贷方
材料的采购成本	验收入库材料的采购成本
余额：在途材料的实际采购成本	

图 4-6 “在途物资”账户结构示意图

（2）“原材料”账户是资产类账户，核算企业库存材料的收入、发出与结存情况。借方登记入库材料的实际成本，贷方登记发出材料的实际成本，余额在借方，反映库存材料的实际成本。本账户根据材料的品种、规格设置明细分类账户，进行明细分类核算。

其“T”形账户结构如图 4-7 所示。

借方　　原材料　　贷方

借方	贷方
入库材料的实际成本	发出材料的实际成本
余额：库存材料的实际成本	

图 4-7 “原材料”账户结构示意图

（3）“应交税费——应交增值税”账户是负债类账户，核算企业应缴与实缴增值税结算情况。借方登记企业购进材料等负担的增值税的进项税额和实际缴纳的增值税税额，贷方登记企业销售货物、提供劳务等应缴纳的增值税的销项税额。余额一般在贷方，表示企业应缴而尚未缴纳的增值税。

其“T”形账户结构如图 4-8 所示。

借方　　应交税费——应交增值税　　贷方

借方	贷方
增值税的进项税 实际缴纳的增值税	增值税的销项税
	余额：尚未缴纳的增值税

图 4-8 “应交税费——应交增值税”账户结构示意图

【小贴士】《关于深化增值税改革有关政策的公告》（财政部 税务总局 海关总署公告 2019 年第 39 号）公布：增值税一般纳税人发生增值税应税销售行为或者进口货物，原适用 16%税率的，税率调整为 13%；原适用 10%税率的，税率调整为 9%。公告自 2019 年 4 月 1 日起执行。

（4）“应付账款”账户是负债类账户，核算企业因购买材料、商品或接受劳务供应等应支付给供应单位的款项。借方登记已偿还的款项，贷方登记采购材料但没有及时支付的款项。余额一般在贷方，反映尚未偿还的款项。本账户按照供应单位名称设置明细分类账户，进行明细分类核算。

其“T”形账户结构如图 4-9 所示。

借方　　应付账款	贷方
偿还应付供货单位的货款	已发生的应付供货单位的货款
	余额：尚未偿还的应付账款

图 4-9 “应付账款”账户结构示意图

三、供应过程业务核算示例

2020 年 5 月，光华公司发生下列采购业务。

【例 4-5】5 月 4 日，购入甲材料 2 000 千克，每千克 10 元，买价 20 000 元，增值税 2 600 元。价款与税金以银行存款支付，材料尚未到达企业。

该项经济业务的发生，一方面使材料的买价支出增加 20 000 元，增值税进项税额增加 2 600 元；另一方面使企业的银行存款减少 22 600 元。应作会计分录如下：

借：在途物资——甲材料　　20 000
　　应交税费——应交增值税（进项税）　　2 600
　　贷：银行存款　　22 600

【例 4-6】5 月 5 日，用银行存款支付上述购入甲材料的运杂费 280 元。同日，甲材料运达企业，并验收入库。

该项经济业务的发生，一方面使材料的采购费用增加 280 元；另一方面使企业的银行存款减少 280 元。应作会计分录如下：

借：在途物资——甲材料　　280
　　贷：银行存款　　280

同时，甲材料验收入库，一方面使企业的原材料增加 20 280 元（买价与运杂费合计），另一方面使在途物资采购成本减少 20 280 元。应作会计分录如下：

借：原材料——甲材料　　20 280
　　贷：在途物资——甲材料　　20 280

【例 4-7】5 月 6 日，从北方公司购入乙材料 1 000 千克，每千克 30 元，买价 30 000 元，增值税 3 900 元。价款与税金尚未支付，乙材料到达企业并验收入库。

该项经济业务的发生，一方面使企业的原材料增加 30 000 元，增值税进项税额增加 3 900 元；另一方面使应付账款增加 33 900 元。应作会计分录如下：

借：原材料——乙材料　　30 000
　　应交税费——应交增值税（进项税）　　3 900
　　贷：应付账款——北方公司　　33 900

【例 4-8】5 月 20 日，归还北方公司购料款 33 900 元。

该项经济业务的发生，一方面使企业的应付账款减少 33 900 元；另一方面使银行存款减少 33 900 元。应作会计分录如下：

借：应付账款——北方公司　　　　33 900

　　贷：银行存款　　　　　　　　　33 900

任务三　生产过程业务核算

任务描述

本任务的目标是明确生产成本与期间费用的概念，掌握生产过程业务所涉及账户的核算内容。通过本任务学习，能够对企业生产过程材料耗费、人工耗费、制造费用分配等业务进行正确的账务处理。

一、生产过程业务核算的主要内容

企业从投入材料生产开始，至产品加工完工入库的过程称为生产过程。生产过程的完成会产生各项耗费，包括物化劳动的耗费和活劳动的耗费，称为费用。费用按其与当期产品生产的关联程度，分为生产成本和期间费用。

（1）生产成本是指企业为生产一定种类、一定数量的产品所发生的各种经济资源的耗费，一般包括直接材料、直接人工和制造费用等成本项目。

① 直接材料，企业在生产产品过程中消耗的、直接用于产品生产，构成产品实体的原材料、主要材料、外购半成品等其他直接材料。

② 直接人工，企业直接从事产品生产的工人的各种薪酬。

③ 制造费用，企业各生产车间等生产单位为组织和管理生产而发生的各项间接费用，如车间管理和技术人员的各种薪酬、车间用固定资产的折旧、车间的办公费、水电费、机物料消耗、劳动保护费等。

（2）期间费用是指企业日常活动发生的不能直接计入特定核算对象的成本，而应计入当期损益的费用，包括管理费用、销售费用和财务费用。其中，管理费用是指企业行政管理部门为组织和管理生产经营活动而发生的各种费用，包括企业董事会和行政管理部门在企业经营管理中发生的，或者应当由企业统一负担的公司经费、工会经费、董事会费、聘请中介机构费、咨询费、诉讼费、业务招待费等。销售费用、财务费用分别在销售过程业务核算、筹资过程业务核算中介绍。

生产过程的耗费所涉及的核算包括材料耗用的核算、职工薪酬的核算、固定资产折旧的核算、制造费用的归集与分配核算、完工产品成本结转的核算等。

二、生产过程业务核算的主要账户

（1）“生产成本”账户是成本类账户，核算企业在进行产品生产过程中所发生的各项生产成本。借方登记产品成本的发生数，即直接材料、直接人工、制造费用；贷方登记已生产完工并验收入库的产成品成本。期末若有余额，一般在借方，表示尚未完工的各项产品的成本。本账户按产品品种设置明细分类账户，进行明细分类核算，以核算每一种产品的生产成本。

其“T”形账户结构如图 4-10 所示。

借方	生产成本 贷方
产品成本的发生数： ①直接材料 ②直接人工 ③制造费用分配转入	已完工并验收入库的产品成本
余额：尚未完工的在产品成本	

图 4-10 “生产成本”账户结构示意图

（2）“制造费用”账户是成本类账户，核算企业各生产车间（部门）为生产产品和提供劳务而发生的各项间接费用。借方登记生产过程中实际发生的各项制造费用，月末，将当月发生的各项制造费用，按照一定标准分配后自本账户贷方转入“生产成本”账户的借方。经结转后，本账户月末一般无余额。本账户一般按不同的生产车间、部门和费用项目进行明细分类核算。

其“T”形账户结构如图 4-11 所示。

借方	制造费用 贷方
生产车间的各项费用： ①车间管理人员的薪酬 ②车间固定资产折旧费 ③车间物料消耗 ④车间办公费、水电费 ⑤车间修理费等	分配转入“生产成本”账户的制造费用
期末无余额	

图 4-11 “制造费用”账户结构示意图

（3）“管理费用”账户是损益类账户，核算企业各行政管理部门为组织和管理生产经营所发生的管理费用。借方登记企业发生的各项管理费用，期末，将本账户借方归集的管理费用自贷方转入“本年利润”账户，结转后该账户无余额。本账户可按费用项目设置专栏进行明细分类核算。

其“T”形账户结构如图 4-12 所示。

借方	管理费用　　贷方
管理费用发生数	期末转入“本年利润”账户数额
期末无余额	

图 4-12 “管理费用”账户结构示意图

(4)“应付职工薪酬”账户是负债类账户，核算应付职工各种薪酬的计提、结算、使用等情况。借方登记实际支付给职工的各种薪酬，贷方登记本月结算应付给职工的各种薪酬。余额在贷方，表示尚未发给职工的薪酬。本账户按照“工资”“职工福利”“社会保险费”“住房公积金”等应付职工薪酬项目进行明细分类核算。

其“T”形账户结构如图 4-13 所示。

借方	应付职工薪酬　　贷方
实际支付职工的薪酬	应付给职工的薪酬
	余额：尚未支付给职工的薪酬

图 4-13 “应付职工薪酬”账户结构示意图

(5)“累计折旧”账户是资产类账户，核算固定资产的磨损价值，它是“固定资产”账户的调整账户。借方登记由于固定资产出售、报废、盘亏、损毁、投资转出等原因，冲减固定资产已计提的折旧数，贷方登记每月计提的固定资产折旧数，余额在贷方，表示现有固定资产累计计提的折旧数。

其“T”形账户结构如图 4-14 所示。

借方	累计折旧　　贷方
固定资产减少时冲减的折旧数	每月计提的固定资产折旧数
	余额：现有固定资产已计提折旧数

图 4-14 “累计折旧”账户结构示意图

(6)“其他应收款”账户是资产类账户，核算企业除应收票据、应收账款等以外的其他各种应收及暂付款项，如预借职工差旅费、预付的仓库租金等。借方登记企业发生的其他各种应收、暂付款项，贷方登记收回或转销的其他应收款，余额在借方，表示尚未收回的其他应收款。本账户按对方单位（或个人）设置明细账，进行明细分类核算。

其“T”形账户结构如图 4-15 所示。

借方	其他应收款　　贷方
发生的其他应收及暂付款项	收回或转销的其他应收款
余额：尚未收回的其他应收款	

图 4-15 “其他应收款”账户结构示意图

（7）“库存商品”账户是资产类账户，核算企业生产完工并已验收入库产品的实际成本增减变动及结存情况。借方登记生产已完工验收入库的产成品生产成本，贷方登记已销售转出的产成品的生产成本。余额一般在借方，表示库存产品的生产成本。本账户按产成品品种设置明细分类账户，进行明细分类核算。

其“T”形账户结构如图 4-16 所示。

借方	库存商品　　　　贷方
完工入库产成品的生产成本	已销售转出的产成品成本
余额：库存产品的生产成本	

图 4-16 “库存商品”账户结构示意图

三、生产过程业务核算示例

「微课」

材料耗费的核算

2020 年 12 月，光华公司发生下列生产业务。

1. 材料耗用

生产过程所耗用的材料，由仓库根据领料单发出材料的详细信息，编制材料耗用汇总表，作为编制材料耗用记账凭证的依据。

【例 4-9】假设光华公司 2020 年 12 月材料耗用汇总表如表 4-1 所示。

表 4-1　材料耗用汇总表

项　目	甲材料		乙材料		合计/元
	数量/千克	金额/元	数量/千克	金额/元	
一、产品生产耗用					
A 产品	1 800	18 000	2 000	60 000	78 000
B 产品	1 500	15 000	1 000	30 000	45 000
二、车间一般耗用	100	1 000			1 000
三、行政管理部门耗用			50	1 500	1 500
合　　计		34 000		91 500	125 500

根据表 4-1 内容，该项经济业务的发生，一方面由于原材料甲材料与乙材料的耗用，使两种原材料分别减少 34 000 元、91 500 元；另一个方面由于生产 A 产品、B 产品分别耗用甲、乙材料，使 A 产品生产成本发生额增加 78 000 元，使 B 产品生产成本发生额增加 45 000 元；因车间一般耗用了甲材料，使制造费用增加 1 000 元；因行政管理部门耗用了乙材料，使管理费用增加 1 500 元。应作会计分录如下：

借：生产成本——A 产品　　78 000
　　　　　　——B 产品　　45 000
　　制造费用　　1 000
　　管理费用　　1 500
　　贷：原材料——甲材料　　34 000
　　　　　　　——乙材料　　91 500

2. 酬薪核算

职工薪酬是指企业为获得职工提供的服务或解除劳动关系而给予职工的各种形式的报酬或补偿，包括短期薪酬、离职后福利、辞退福利和其他长期职工福利。其中，短期薪酬具体包括职工工资、奖金、津贴和补贴，职工福利费，社会保险费，住房公积金，工会经费和教育经费，短期带薪缺勤工资等。这里主要针对短期薪酬有关内容进行介绍。

【例 4-10】根据工资结算汇总表结算本月应付工资总额为 287 000 元，其中：A 产品生产工人工资为 120 000 元，B 产品生产工人工资为 100 000 元，车间管理人员工资 24 000 元，行政管理人员工资为 43 000 元。

该项经济业务的发生，一方面使本月应付职工薪酬增加 287 000 元；另一方面不同类别人员的工资分别使相应的费用增加，A 产品生产工人的工资使 A 产品的生产成本增加 120 000 元，B 产品生产工人的工资使 B 产品的生产成本增加 100 000 元，车间管理人员的工资使制造费用增加 24 000 元，行政管理人员的工资使管理费用增加 43 000 元。应作会计分录如下：

借：生产成本——A 产品　　120 000
　　　　　　——B 产品　　100 000
　　制造费用　　24 000
　　管理费用　　43 000
　　贷：应付职工薪酬——工资　　287 000

【例 4-11】委托银行发放本月职工工资 287 000 元。

该项经济业务的发生，一方面使银行存款减少 287 000 元；另一方面使应付职工薪酬增加 287 000 元。应作会计分录如下：

借：应付职工薪酬——工资　　287 000
　　贷：银行存款　　287 000

【例 4-12】根据国家规定的计提标准，计算应向社会保险经办机构缴纳的职工基本养老保险费计 20 090 元。其中：A 产品生产工人基本养老保险费为 8 400 元，B 产品生产工人基本养老保险费为 7 000 元，车间管理人员基本养老保险费为 1 680 元，行政管理人员基本养老保险费为 3 010 元。

该项经济业务的发生，一方面计提基本养老保险，使应付职工薪酬增加 20 090 元；另一方面使企业的费用增加，其中：A 产品生产工人的基本养老保险费使 A 产品的生产成本增加 8 400 元，B 产品生产工人的基本养老保险费使 B 产品的生产成本增加 7 000 元，车间管理人员的基本养老费费使制造费用增加 1 680 元，行政管理人员的基本养老费使管理费用增加 3 010 元。应作会计分录如下：

借：生产成本——A 产品　　8 400
　　　　　　——B 产品　　7 000
　　制造费用　　1 680
　　管理费用　　3 010
　　贷：应付职工薪酬——社会保险费（基本养老保险）　　20 090

3. 固定资产折旧的核算

「微课」

固定资产折旧核算

【例 4-13】企业按规定计提的固定资产折旧额共计 4 600 元。其中，生产车间使用的厂房、机器设备应计提折旧额为 3 500 元，行政管理部门使用的房屋、车辆等计提的折旧额为 1 100 元。

该项经济业务的发生，一方面使车间的制造费用增加了 3 500 元，使行政管理部门的管理费用增加 1 100 元；另一方面使企业固定资产的折旧额增加 4 600 元。应作会计分录如下：

借：制造费用　　3 500
　　管理费用　　1 100
　　贷：累计折旧　　4 600

4. 差旅费核算

【例 4-14】采购员李彬因公出差，预借差旅费 6 800 元。

该项经济业务的发生，一方面使企业的其他应收款增加 6 800 元；另一方面使企业的银行存款减少 6 800 元。应作会计分录如下：

借：其他应收款——李彬　　6 800
　　贷：银行存款　　6 800

【例 4-15】采购员李彬出差回来，报销差旅费 6 500 元，退回现金 300 元。

该项经济业务的发生，一方面使公司的管理费用增加 6 500 元，库存现金增加 300 元；另一方面转销李彬的原借款，使其他应收款减少 6 800 元。应作会计分录如下：

借：管理费用　　6 500
　　库存现金　　300
　　贷：其他应收款——李彬　　6 800

5. 其他费用核算

【例 4-16】用银行存款支付生产车间的电话费 520 元，水电费 230 元，共计 750 元；支付行政管理部门的电话费 470 元，水电费 120 元，共计 590 元。

该项经济业务的发生，一方面使车间的制造费用增加 750 元，公司的管理费用增加 590 元；另一方面使银行存款减少 1 340 元。应作会计分录如下：

借：制造费用　　　　　　　　　　750

　　管理费用　　　　　　　　　　590

　　贷：银行存款　　　　　　　　　　1 340

6. 制造费用的分配结转核算

「微课」

制造费用分配核算

制造费用是企业各生产车间等生产单位为组织和管理生产而发生的各项间接费用，包括生产车间管理及技术人员的薪酬、折旧费、水电费、修理费等。生产车间为一种产品的生产而发生制造费用，可以直接计入该产品的生产成本中；生产车间为生产多种产品共同发生的制造费用，不能直接计入某种产品的成本，需要采用适当的分配方法将其分配计入各种产品的生产成本。

制造费用的分配标准有多种，一般可按产品耗用的工时、生产工人的工资、机器工作小时等进行分配。

【例 4-17】经归集，本月制造费用总额为 58 400 元，按 A、B 两种产品的生产工时分配结转制造费用。（A、B 产品的生产工时数分别为 3 000 工时和 2 000 工时）

根据【例 4-9】～【例 4-16】，本月制造费用总分类核算如表 4-2 所示。

表 4-2　制造费用总分类核算

账户名称：制造费用　　　　　　　　　　　　　　　　　　　　单位：元

2020 年		凭证字号	摘要	借方	贷方	借或贷	余额
月	日						
略	略	1	车间一般物料消耗	1 000.00		借	1 000.00
		2	车间管理人员工资	24 000.00		借	25 000.00
		4	车间管理人员养老保险	1 680.00		借	26 680.00
		5	计提折旧费	3 500.00		借	30 180.00
		7	电话费、水电费	750.00		借	30 930.00

制造费用分配率：30 930÷（3 000+2 000）=6.186（元/工时）

A 产品分摊的制造费用=3 000×6.186=18 558（元）

B 产品分摊的制造费用=2 000×6.186=12 372（元）

计算出 A、B 两种产品应负担的制造费用后，应将两者分别从“制造费用”账户贷方转入对应 A、B 两种产品的“生产成本”账户借方，结转后“制造费用”账户无余额。同时，A、B 两种产品在“生产成本”账户中才能反映其直接材料、直接人工及其制造费用等全部成本构成项目。应作会计分录如下：

借：生产成本——A 产品　　　　　　18 558

　　　　　　——B 产品　　　　　　12 372

　　贷：制造费用　　　　　　　　　　30 930

7. 结转完工产品成本核算

微课

结转完工产品成本核算

加工完成可供销售的产成品是生产过程的最终目标。若产品完成生产过程并验收入库后，需要计算并结转完工产品成本。其计算公式如下：

月初在产品成本+本月发生生产成本=本月完工产品总成本+月末在产品成本

公式中：月初在产品成本、本月发生生产成本可从“生产成本”明细分类账户的核算资料中取得；月末在产品成本通过盘点确定在产品数量，根据在产品的完工程度和历史资料，计算出月末在产品成本。这样，本月完工产品成本计算公式如下：

本月完工产品总成本=月初在产品成本+本月发生生产成本-月末在产品成本

每月月末，将计算的本月完工产品的生产成本，从“生产成本”账户的贷方转入“库存商品”账户的借方，反映本期验收入库的产成品成本。

【例 4-18】本月“生产成本——A 产品”明细分类账户归集的生产成本如表 4-3 所示，月末 A 产品全部完工，且没有月末在产品，结转 A 产品本月完工产品成本。

表 4-3 生产成本明细分类账户

账户名称：生产成本——A 产品　　　　单位：元

2020 年		凭证字号	摘　　要	直接材料	直接人工	制造费用	合计
月	日						
略	略		期初在产品成本	9 000.00	2 300.00	400.00	11 700.00
		1	耗用材料	78 000.00			78 000.00
		2	生产工人工资		120 000.00		120 000.00
		4	计提社会保险费		8 400.00		8 400.00
		6	分配制造费用			18 558.00	18 558.00
			全部生产成本	87 000.00	130 700.00	18 958.00	236 658.00

依据表 4-3，该项经济业务的发生，一方面使 A 产品的库存商品增加 236 658 元；另一方面 A 产品的生产成本减少 236 658 元。应作会计分录如下：

借：库存商品——A 产品　　　　236 658

　　贷：生产成本——A 产品　　　　236 658

任务四　销售过程业务核算

任务描述

本任务的目标是掌握销售过程业务所涉及账户的核算内容，能够熟练对确认销售收入实现、结转销售成本、发生销售费用等业务进行正确的账务处理。

一、销售过程业务核算的主要内容

产品销售的过程是实现产品价值的过程。企业通过售出产品，取得货币资金，从而补偿产品销售前发生的一切成本费用支出，进而根据“收入-费用=利润”的原理，计算企业经营活动的利润。企业只有不断地生产产品、销售产品，才能不断地实现企业的自身价值，完成企业的再生产过程。销售过程涉及的主要核算内容包括：确认产品销售收入实现，结转售出产品成本，支付销售费用如广告费、包装费等，计算缴纳因销售产品而发生的相关税费等。

二、销售过程业务核算的主要账户

（1）“主营业务收入”账户是损益类账户，核算销售商品或提供劳务等日常活动中主营业务实现的收入。贷方登记企业实现的销售收入；期末将本账户贷方发生额全部自借方转入“本年利润”账户，结转后，本账户无余额。本账户按照主营业务的种类设置明细账，进行明细分类核算。

其“T”形账户结构如图 4-17 所示。

借方　　　主营业务收入	贷方
期末转入“本年利润”账户数额	本期实现的销售商品收入
	期末无余额

图 4-17　“主营业务收入”账户结构示意图

（2）“主营业务成本”账户是损益类账户，核算企业因销售商品、提供劳务或让渡资产使用权等日常活动而发生的实际成本。借方登记企业已销售产品的成本，期末将本账户借方发生额自贷方转入“本年利润”账户，结转后，本账户无余额。本账户按照主营业务的种类设置明细账，进行明细分类核算。

其“T”形账户结构如图 4-18 所示。

借方　　　主营业务成本	贷方
本期已销售产品的成本	期末转入“本年利润”账户数额
期末无余额	

图 4-18　“主营业务成本”账户结构示意图

（3）“税金及附加”账户是损益类账户，核算企业经营活动发生的消费税、城市维护建设税、资源税、教育费附加、房产税、土地使用税、车船使用税、印花税等相关税费。借方登记企业按规定计算确定的与经营活动相关的税费，期末将本账户的借方发生额自贷方转入“本年利润”账户的借方，结转后，本账户无余额。

其“T”形账户结构如图 4-19 所示。

借方　　　　　　税金及附加	贷方
本期经营活动发生的税金与附加	期末转入“本年利润”账户数额
期末无余额	

图 4-19 “税金及附加”账户结构示意图

（4）“销售费用”账户是损益类账户，核算企业销售商品和材料、提供劳务的过程中发生的各种费用，包括企业在销售商品过程中发生的保险费、包装费、展览费、广告费、商品维修费、预计产品质量保证损失、运输费、装卸费等及为销售本企业商品而专设的销售机构（含销售网点，售后服务网点等）的职工薪酬、业务费、折旧费等经营费用。借方登记企业发生的各种销售费用，期末将借方发生的各种费用自贷方转入“本年利润”账户，结转后，本账户无余额。

其“T”形账户结构如图 4-20 所示。

借方　　　　　　销售费用	贷方
发生的各种销售费用	期末转入“本年利润”账户数额
期末无余额	

图 4-20 “销售费用”账户结构示意图

（5）“应交税费”账户是负债类账户，核算企业按照国家税法规定应向税务部门缴纳的各种税费，包括增值税、消费税、资源税、城市维护建设税、所得税等。借方登记实际缴纳的各种税费，贷方登记应缴纳的各种税费。期末余额一般在贷方，反映企业尚未缴纳的税费。本账户按税费项目设置明细账，进行明细核算。

企业按税法规定计算的消费税、城市维护建设税，应记入“税金及附加”账户的借方，同时记入“应交税费——应交消费税（城市维护建设税）”账户的贷方。实际缴纳各种税费时，应借记“应交税费——应交××税”，贷记“银行存款”账户。

其“T”形账户结构如图 4-21 所示。

借方　　　　　　应交税费	贷方
实际已缴纳的各种税费	应缴纳的各种税费
	余额：未缴纳的税费

图 4-21 “应交税费”账户结构示意图

（6）“应收账款”账户是资产类账户，核算企业因销售商品、提供劳务等业务，应向购买单位收取的款项，包括应由购买单位或接受劳务单位负担的税金、代购买方垫付的各种运杂费等，反映应收账款的增减变动及其结存情况。借方登记发生的应收款项，贷方登记实际收回的各项款项，余额一般在借方，表示应收取但尚未收回的款项。本账户按照不同的购货或接受劳务的单位设置明细账户，进行明细核算。

其“T”形账户结构如图 4-22 所示。

借方	应收账款　　　　贷方
发生的应收款项	实际收回的应收款项
余额：尚未收回的应收款项	

图 4-22 “应收账款”账户结构示意图

三、销售过程业务核算示例

2020 年 12 月，光华公司发生下列销售业务。

【例 4-19】销售给南方公司 A 产品 300 件，开具增值税专用发票上注明售价 340 000 元，增值税 44 200 元，货款尚未收到。该产品属于应缴纳消费税范畴，消费税税率为 10%。

该项经济业务的发生，一方面使企业的销售收入增加 340 000 元，应交增值税销项税增加 44 200 元；另一方面使应收账款增加 384 200 元。应作会计分录如下：

借：应收账款——南方公司　　　　384 200
　贷：主营业务收入——A 产品　　　　340 000
　　　应交税费——应交增值税（销项税）　　44 200

【例 4-20】核算【例 4-19】A 产品应缴纳的消费税。

该项经济业务的发生，一方面增加企业应缴纳的消费税 34 000 元；另一方面因消费税尚未缴纳，使应交税费——应交消费税增加 34 000 元。应作会计分录如下：

借：税金及附加　　　　34 000
　贷：应交税费——应交消费税　　　　34 000

「微课」销售过程中有关税的核算

【例 4-21】以银行存款支付因 A 产品销售而发生的展览费 3 500 元。

该项经济业务的发生，一方面使企业的销售费用增加 3 500 元；另一方面使企业的银行存款减少 3 500 元。应作会计分录如下：

借：销售费用　　　　3 500
　贷：银行存款　　　　3 500

「微课」销售费用的核算

【例 4-22】结转已销售 A 产品 300 件实际生产成本 128 000 元。

该项经济业务的发生，一方面表明主营业务成本发生增加 128 000 元；另一方面表明库存商品减少 128 000 元。应作会计分录如下：

借：主营业务成本——A 产品　　　　128 000
　贷：库存商品——A 产品　　　　128 000

「微课」结转售出产品成本的核算

任务五　财务成果核算

任务描述

本任务的目标是理解利润的形成过程，知晓利润分配的顺序，掌握财务成果形成和分配时所涉及账户的核算。通过本任务的学习，能够熟练掌握利润形成和分配过程中涉及的业务的账务处理。

一、财务成果核算的主要内容

财务成果是指企业在一定会计期间内经营活动取得的利润或发生的亏损，它是反映企业经济效益的重要经济指标。企业生产经营的主要目的之一是不断扩大财务成果，所以财务成果核算是会计核算的重要内容。财务成果核算内容主要包括两个方面：财务成果的形成和财务成果的分配。

1. 财务成果的形成

财务成果主要包括营业利润、利润总额、净利润三个部分，其计算公式如下 ：

（1）营业利润=营业收入-营业成本-税金及附加-销售费用-管理费用-财务费用-资产减值损失+公允价值变动收益（-公允价值变动损失）+投资收益（-投资损失）+其他收益

其中：

营业收入=主营业务收入+其他业务收入

营业成本=主营业务成本+其他业务成本

资产减值损失是指企业计提各项资产减值准备所形成的损失。

公允价值变动收益（或损失）是指企业交易性金融资产等公允价值变动形成的应计入当期损益的利得（或损失）。

投资收益是指企业以各种方式对外投资所取得的收益（或发生的损失）。

（2）利润总额=营业利润+营业外收入-营业外支出

（3）净利润=利润总额-所得税

2. 财务成果的分配

财务成果的分配指企业将实现的净利润按照有关法规进行合理的分配，分配顺序是先提取盈余公积金，再向投资者分配。

二、财务成果核算的主要账户

（1）“营业外收入”账户是损益类账户，核算企业确认的与日常活动无直接关系的各项利得，包括非流动资产处置利得、盘盈利得、捐赠利得等营业外收入的取得与结转情况。贷方登记发生的各项营业外收入，借方登记转入“本年利润”账户的数额，期末无余额。本账户按营业外收入项目进行明细分类核算。

其“T”形账户结构如图 4-23 所示。

借方　　　　　营业外收入　　　　　贷方

期末转入“本年利润”账户数额	取得的各项营业外收入，包括： ①非流动资产处置利得 ②盘盈利得 ③捐赠利得 ④非货币性资产交换利得 ⑤罚没得利等
	期末无余额

图 4-23 “营业外收入”账户结构示意图

（2）“营业外支出”账户是损益类账户，核算企业发生的与日常活动无直接关系的各项损失，包括非流动资产处置损失、公益性捐赠支出、盘亏损失等营业外支出的发生与结转情况。借方登记发生的各项营业外支出，贷方登记转入“本年利润”账户的数额，期末无余额。本账户按营业外支出项目进行明细分类核算。

其“T”形账户结构如图 4-24 所示。

借方　　　　　营业外支出　　　　　贷方

发生的各项营业外支出，包括： ①非流动资产处置损失 ②公益性捐赠支出 ③盘亏损失 ④非常损失 ⑤罚款支出等	期末转入“本年利润”账户数额
期末无余额	

图 4-24 “营业外支出”账户结构示意图

（3）“本年利润”账户是所有者权益类账户，核算企业本年度的财务成果。汇总财务成果分三个环节，首先，期末，企业应将各种收益类账户，如“主营业务收入”“其他业务收入”“投资收益”“营业外收入”等账户的余额从借方转入本账户的贷方；然后，将各种支出类账户，如“主营业务成本”“税金及附加”“销售费用”“管理费用”“财务费用”“其他业务成本”“营业外支出”账户的余额自贷方转入本账户的借方。结转以后，本账户贷方发生额大于借方发生额的差额即为本期实现的利润总额；反之，则为亏损总额。

如果企业的财务成果为利润，则企业应按国家有关规定计算缴纳所得税。期末将应缴纳的所得税从“所得税费用”账户的贷方转入“本年利润”账户的借方，结转后，“本年利润”账户的贷方余额为本年的净利润，即属于投资者权益的净收益。

年度终了时，企业应将净利润从“本年利润”账户全部转入“利润分配”账户。如果是净利润，则从借方转出；如为亏损，则从贷方转出。经结转后，本账户年终无余额。

其“T”形账户结构如图 4-25 所示。

借方	本年利润　　　　贷方
本期支出账户转入数： ①主营业务成本 ②税金及附加 ③其他业务成本 ④销售费用 ⑤管理费用 ⑥财务费用 ⑦营业外支出 ⑧所得税费用	本期收益账户转入数： ⑨主营业务收入 ⑩其他业务收入 ⑪营业外收入 ⑫投资收益
余额：本期发生的亏损	余额：本期实现的利润

图 4-25 “本年利润”账户结构示意图

（4）“所得税费用”是损益类账户，核算企业确认的应从当期利润总额中扣除的所得税费用。借方登记企业按照税法规定当期应缴纳的所得税费用，贷方登记将本期所得税转入“本年利润”后的数额，本账户期末无余额。

其“T”形账户结构如图 4-26 所示。

借方	所得税费用　　　　贷方
计算应缴纳的所得税额	期末转入“本年利润”账户的数额
期末无余额	

图 4-26 “所得税费用”账户结构示意图

（5）“利润分配”账户是所有者权益账户，核算企业财务成果的分配，反映企业利润分配的具体数额和分配后结存数额。借方登记提取的盈余公积、分配投资者的利润数等，贷方登记年末由“本年利润”账户转来的净利润数额。本账户年末贷方余额为未分配的利润，借方余额为未弥补亏损。本账户按分配项目设置“提取法定盈余公积”“应付现金股利或利润”等明细分类账，进行明细分类核算。

其“T”形账户结构如图 4-27 所示。

借方	利润分配　　　　贷方
①年末从“本年利润”账户转入的全年实现的净亏损 ②实际分配的利润数，包括： 提取的盈余公积 向投资者分配的股利或利润	年末从“本年利润”账户转入的全年实现的净利润
余额：未弥补亏损	余额：未分配的利润

图 4-27 “利润分配”账户结构示意图

（6）“盈余公积”账户是所有者权益账户，核算公积金的提取与使用，反映盈余公积的增减变动及结存情况。借方登记企业用于弥补亏损、转增资本、发放股利等减少盈余公积的数额，贷方登记从税后利润中提取的盈余公积数。余额在贷方，反映企业结存的盈余公积。本账户按盈余公积的种类设置“提取法定盈余公积”“提取任意盈余公积”等明细分类账，进行明细分类核算。

其“T”形账户结构如图 4-28 所示。

盈余公积

借方	贷方
盈余公积的使用数	从净利润中提取的盈余公积数
	余额：盈余公积的结存数

图 4-28 “盈余公积”账户结构示意图

（7）“应付股利”账户是负债类账户，核算企业对投资者的利润分配情况和实际支付情况。借方登记支付给投资者的现金股利或利润数，贷方登记按照股东大会或有关机构审议批准的利润分配方案，应付给投资者的利润分配数。余额在贷方，表示尚未支付给投资者的应付现金股利或利润数。本账户根据投资者情况设置明细账，进行明细分类核算。

其“T”形账户结构如图 4-29 所示。

应付股利

借方	贷方
实际支付给投资者股利	经批准应支付给投资者的股利
	余额：尚未支付的股利

图 4-29 “应付股利”账户结构示意图

三、财务成果核算的示例

2020 年 12 月，光华公司发生下列经济业务。

【例 4-23】收到购货单位由于违约支付的罚款 4 000 元。

该项经济业务的发生，一方面使企业的银行存款增加 4 000 元；另一方面由于对方违约，使企业的营业外收入增加 4 000 元。应作会计分录如下：

借：银行存款　　4 000

　　贷：营业外收入　　4 000

「微课」营业外收支的核算

【例 4-24】以银行存款向希望工程捐赠 10 000 元。

该项经济业务的发生，一方面使企业的银行存款减少 10 000 元；另一方面使企业的营业外支出增加 10 000 元。应作会计分录如下：

借：营业外支出　　10 000

　　贷；银行存款　　10 000

【例 4-25】光华公司 12 月末损益类账户余额如下（单位：元）：

主营业务收入	340 000	（贷方）
主营业务成本	128 000	（借方）
税金及附加	34 000	（借方）
销售费用	3 500	（借方）
管理费用	55 700	（借方）
财务费用	600	（借方）
营业外收入	4 000	（贷方）
营业外支出	10 000	（借方）

12 月 31 日，结转本月损益类账户，并计算 12 月份实现的利润总额。应作会计分录如下：

结转各项收入类账户：

借：主营业务收入　　340 000

　　营业外收入　　4 000

　　贷：本年利润　　344 000

结转各项费用类账户：

借：本年利润　　231 800

　　贷：主营业务成本　　128 000

　　　　税金及附加　　34 000

　　　　销售费用　　3 500

　　　　管理费用　　55 700

　　　　财务费用　　600

　　　　营业外支出　　10 000

「微课」

利润总额的核算

12 月实现的利润总额为：344 000−231 800=112 200（元）

【例 4-26】假定光华公司企业所得税率为 25%，核算其企业所得税。

该公司 12 月企业所得税计算如下：

112 200×25%=28 050 元

该项经济业务的发生，一方面使企业当期企业所得税增加 28 050 元，另一方面由于该税费尚未实际缴纳，使应交税费这项负债增加 28 050 元。应作会计分录如下：

借：所得税费用　　28 050

　　贷：应交税费——应交所得税　　28 050

【例 4-27】将“所得税费用”账户余额转入“本年利润”账户，并计算净利润。

该项经济业务的发生，将所得税 28 050 元从“所得税费用”账户的贷方转出，记入“本年利润”的借方。应作会计分录如下：

借：本年利润　　28 050

　　贷：所得税费用　　28 050

「微课」

净利润的核算

12 月实现的净利润：112 200−28 050=84 150（元）

【例 4-28】假定光华公司以前年度无亏损，也无未分配利润，12 月净利润即为全年净利润。年终，结转“本年利润”账户。

该项经济业务的发生，将“本年利润”账户贷方余额 84 150 元从其借方转出，记入“利润分配——未分配利润”的贷方，表明可供分配的利润为 84 150 元。应作会计分录如下：

借：本年利润　　84 150

　　贷：利润分配——未分配利润　　84 150

「微课」

净利润的结转核算

【例 4-29】按国家规定，光华公司按净利润的 10%提取法定盈余公积金。

该项经济业务的发生，一方面使盈余公积增加 8 415 元，另一方面使未分配利润减少 8 415 元。应作会计分录如下：

借：利润分配——提取法定盈余公积金　　8 415

　　贷：盈余公积　　8 415

【例 4-30】按股东大会决议向投资者分配利润 30 000 元。

该项经济业务的发生，一方面使应付给投资者的股利增加 30 000 元，另一方面使未分配利润减少 30 000 元。应作会计分录如下：

借：利润分配——应付现金股利　　30 000

　　贷：应付股利　　30 000

【例 4-31】将上述有关利润分配明细分类账户余额转入“利润分配——未分配利润”，编制会计分录如下：

借：利润分配——未分配利润　　38 415

　　贷：利润分配——提取法定盈余公积金　　8 415

　　　　　　　　——应付现金股利　　30 000

根据上述业务的核算，光华公司 2020 年年终结算“利润分配——未分配利润”账户余额为：84 150−38 415=45 735（元），即光华公司本年度还有 45 735 元利润尚未分配。

【知识巩固】

一、单选题

1．下列项目不属于采购成本的是（　　）。

A．材料买价　　B．运杂费

C．入库前的挑选整理费　　D．入库后的保管费用

2. 关于“累计折旧”账户表述正确的是（　　）。

A.“累计折旧”账户应根据固定资产的类别进行明细核算

B.“累计折旧”账户是“实收资本”账户的调整科目

C.“累计折旧”账户贷方登记折旧的增加额

D.“累计折旧”账户贷方登记折旧的减少额

3. 主营业务成本是指（　　）。

A. 全部产品的制造成本　　B. 已销售产品的制造成本

C. 已售产品的售价　　D. 产品的售价减产品的制造成本

4. 以实物形式投入资本，应按（　　）作为实际投资额。

A. 原始价值数额　　B. 实物净值数额

C. 评估后投资协议双方认可的数额　　D. 计划价值数额

5. 下列不属于期间费用的有（　　）。

A. 财务费用　　B. 管理费用

C. 制造费用　　D. 销售费用

6. 企业的净利润是企业一定期间利润总额扣除（　　）后的最终成果。

A. 营业外收入　　B. 所得税费用

C. 投资收益　　D. 资本公积

二、多选题

1.“应付职工薪酬”账户的借方登记应付给各类职工的工资，贷方按工资用途分配可记入（　　）等明细分类账户。

A.“生产成本”账户　　B.“管理费用”账户

C.“制造费用”账户　　D.“库存商品”账户

2. 企业的主要经济业务包括（　　）。

A. 筹集资金业务　　B. 生产准备业务

C. 产品生产业务　　D. 产品销售业务

E. 财务成果业务

3. 产品生产业务核算的内容包括（　　）。

A. 生产费用的发生和归集　　B. 财务费用的核算

C. 产品成本的计算　　D. 销售费用的核算

4. 制造费用属于间接费用，主要包括（　　）。

A. 车间厂房、机器设备的折旧费用　　B. 车间的水电费

C. 车间的办公费　　D. 利息支出

5. 产品的生产成本包括（　　）。

A. 直接材料费　　B. 直接人工费

C. 制造费用　　D. 管理费用

6．“本年利润”账户结构所反映的内容是（　　）。

A．借方为转入的各项费用数额　　B．贷方为转入的各项收入数额

C．贷方余额为实现的利润总额　　D．借方余额表示亏损总额

E．会计年末结转后无余额

三、练习筹资过程业务核算

资料：思远公司 2020 年 6 月发生下列经济业务：

（1）3 日，收到讯飞公司投入的数控机床一台，经评估确认价值为 860 000 元。

（2）5 日，收到宏远公司投入的货币资金 300 000 元，已存入银行。

（3）15 日，向银行借入一年期借款 80 000 元，年利率 5.6%，款项已存入银行。

（4）30 日，计提应由本月负担的短期借款利息 1 200 元。

（5）31 日，支付第二个季度利息 3 600 元。

（6）31 日，归还已到期的短期借款本金 400 000 元。

要求：根据上述经济业务编制会计分录。

四、练习供应过程业务核算

资料：思远公司 2020 年 5 月发生下列经济业务：

（1）2 日，购入一批甲材料，买价 40 000 元，增值税 5 200 元，另发生运杂费 400 元，款项已用银行存款支付。

（2）5 日，购入的甲材料到达企业，验收入库。

（3）6 日，向北方公司购入一批乙材料，价款 32 000 元，增值税 4 160 元，材料已验收入库，货款尚未支付。

（4）7 日，向南方公司购入甲乙两种材料，价税款未付。其中，甲材料 1 000 千克，单价 6 元，共计 6 000 元，增值税 780 元；乙材料 2 400 千克，单价 20 元，共计 48 000 元，增值税 6 240 元。

（5）15 日，上述甲乙两种材料验收入库，按其实际采购成本入账。

（6）26 日，以银行存款归还南方公司货款 61 020 元，归还北方公司货款 36 160 元。

要求：根据上述经济业务编制会计分录。

五、练习生产过程业务核算

资料：思远公司 2020 年 7 月发生下列经济业务：

（1）9 日，仓库发出下列材料：A 产品耗用甲材料 400 千克，单价 6 元；乙材料 600 千克，单价 20 元。B 产品耗用乙材料 400 千克，单价 20 元；车间一般耗用乙材料 20 千克，单价 20 元；行政管理部门耗用甲材料 10 千克，单价 6 元。

（2）10 日，用银行存款支付水电费 12 000 元，其中行政管理部门 2 000 元，车间 10 000 元。

（3）15 日，采购部门王林预借差旅费 1 800 元。

（4）18 日，王林出差回来报销差旅费 2 300 元。

（5）16 日，用银行存款支付电话费 2 000 元，其中行政管理部门 1 200 元，车间 800 元。

（6）30 日，计提本月固定资产折旧 4 000 元，其中行政管理部门 3 000 元，车间 1 000 元。

（7）30 日，结算本月各类职工工资。其中生产 A 产品工人工资 65 000 元，生产 B 产品工人工资 35 000 元，车间管理人员工资 15 000 元，行政管理部门人员工资 12 000 元。

（8）30 日，按国家规定标准计提本月各类职工薪酬。其中生产 A 产品工人工资 4 550 元，生产 B 产品工人工资 2 450 元，车间管理人员工资 1 050 元，行政管理部门人员工资 840 元。

（9）30 日，结转本月制造费用（制造费用以生产工人工资比例为标准进行分配）。

（10）30 日，本月投产的 A 产品 400 件、B 产品 150 件均已完工，结转本月已完工产品生产成本。A、B 产品成本均无期初余额。

要求：根据上述经济业务编制会计分录。

六、练习销售过程业务核算

资料：思远公司 2020 年 8 月发生下列经济业务：

（1）10 日，向远大公司销售 A 产品 80 件，每件售价 450 元，共计 36 000 元，增值税 4 680 元。价税款当即收到，存入银行。

（2）14 日，向星河公司销售 A 产品 120 件，每件售价 400 元，共计 48 000 元，增值税 6 240 元，产品已经发出，价税款尚未收到。

（3）25 日，以银行存款支付展览费 3 500 元。

（4）26 日，收到星河公司前欠款 55 680 元。

（5）31 日，结转本月已销售 A 产品 200 件成本，每件生产成本 458 元。

（6）31 日，计算本期应缴纳的城市维护建设税 896 元，教育费附加 384 元。

要求：根据上述经济业务编制会计分录。

七、练习财务成果业务核算

资料：思远公司 2020 年 12 月发生下列经济业务：

（1）9 日，出售通达公司 A 商品一批 1 000 件，单价为 80 元；B 产品 300 件，单价为 60 元，价税款尚未收到。

（2）10 日，以银行存款支付广告费 1 400 元。

（3）15 日，向公司所在地区的希望小学捐赠 2 000 元。

（4）26 日，收到南方公司由于合同违约而交来的罚款 5 000 元。

（5）31 日，预提本月借款利息 1 800 元。

（6）31 日，结转本月售出产品成本，A 产品单位成本 54 元，B 产品 32 元。

（7）31 日，计算本月应交城市维护建设税 892 元，教育费附加 382 元。

（8）31 日，结转本月发生的所有损益类账户至“本年利润”，并计算本月利润总额。

（9）31 日，按本年利润数核算所得税，并结转所得税。（注 2020 年 1—11 月“本年利润”贷方余额为 320 000 元）

（10）31 日，将“本年利润”账户余额结转“利润分配”中。

（11）31 日，按照本年净利润的 10%提取法定盈余公积金。

（12）31 日，经股东大会批准，本年度向投资者分配利润 180 000 元。

要求：根据上述经济业务编制会计分录。

第三篇

会计工作流程

项目五

会计凭证

学习目标

1. 了解会计凭证的概念与作用
2. 掌握会计凭证的分类
3. 掌握原始凭证和记账凭证的填制和审核方法
4. 学会根据经济业务内容选择和填制相应的会计凭证
5. 了解传递与保管会计凭证的方式方法

任务一　认知会计凭证

任务描述

本任务的目标是明确会计凭证的概念与作用，清楚会计凭证的种类。通过本任务的学习，认知生活中的原始凭证类别和相关信息内容，熟悉各种记账凭证的用途。

一、会计凭证的概念

会计凭证是在会计工作中记录经济业务、明确经济责任的书面证明，是据以登记账簿的依据。任何企事业单位在处理经济业务时都必须办理会计凭证手续，由执行和完成该项经济业务的有关部门和人员取得或填制，如员工报销出差费用，要取得相关的费用发票、明细单据等；销售货物时，要开具增值税发票；货物出库时，要由仓库保管员填制相应的出库单等。上述的发票和出库单等单据都属于会计凭证。

二、会计凭证的作用

填制和审核会计凭证，是会计核算工作的重要环节，在经济管理中发挥着重要的作用，具有重要意义。会计凭证的作用主要体现在以下几个方面。

（1）记录经济业务，为记账提供依据。通过逐笔记录经济业务，汇总会计信息，为记账提供依据，同时也为经济管理提供会计信息和内容。填制会计凭证是登记账簿的前提和基础，也是登记账簿的可靠依据。会计凭证所记录的有关信息是否真实、可靠、及时，决定了会计信息的质量。

（2）明确经济责任，强化单位内部的控制。各项经济业务完成后，都须取得或填制适当的会计凭证，证明经济业务已经发生或完成；并且要由有关的经办人员，在凭证上签字、盖章，以明确业务的责任人，使有关责任人在其职权范围内各司其职、各负其责，从而强化单位内部的控制。

（3）发挥监督职能，控制经济的运行。审核会计凭证过程体现会计的监督职能，即通过审核会计凭证，对每一项经济业务是否真实发生，是否符合国家有关法律、法规、制度的规定，以及是否符合计划、预算进度等，是否有弄虚作假、违法乱纪等行为进行检查。发现问题，及时解决，实现对经济活动的事中控制。

三、会计凭证的种类

会计凭证的种类有很多，可以按照不同的标准进行划分。一般而言，按照填制的程序和作用不同，会计凭证可以分为原始凭证和记账凭证两大类。

（一）原始凭证

原始凭证也就是原始单据，是在经济业务发生或完成当时取得或填制的，用以记录和证明经济业务发生或完成情况的书面证明。如银行业务回单、入库单、购货发票等，它记载着大量的经济信息，是记账的依据，也是具有法律效力的一种书面证明。原始凭证通常有如下种类。

1. 按其来源不同划分

原始凭证按其来源不同可分为外来原始凭证和自制原始凭证两种。

（1）外来原始凭证。外来原始凭证是指与外部单位或个人发生业务往来时，从外方单位或个人处取得的原始凭证，如购货时取得对方单位开具的发票、材料出库单、银行业务回单等，如图 5-1 所示。

ICBC 中国工商银行　**业务回单**（付款）

日期：2020年06月28日　　回单编号：45672000005

支取户名：珠海市金湾区红旗镇大发有限公司　付款人开户行：珠海分行营业部
支取账号（卡号）：98765432132456780　收款人开户行：
存入户名：珠海市横琴翱翔人力有限公司　小写：93.00
存入账号（卡号）：92087263872917462　凭证号码：0000000000000000
金额：玖拾叁元整　币种：人民币
业务（产品）种类：对公收费　凭证种类：000000000　渠道：批量业务
摘要：对公收费明细入账　用途：
交易机构：010938092848　记账柜员：00002　交易代码：38008
产品名称：余额变动提醒
费用名称：企业信使产品联动手续费　应收金额：93.00
实收金额：93.00　收费渠道：
业务发生账号：2873984957285670909

中国工商银行股份有限公司 自动回单机专用章 001

本回单为第3次打印，注意重复　打印日期：2020年07月02日　打印柜员：6　验证码：96D75F7A08

图 5-1　银行业务回单

（2）自制原始凭证。自制原始凭证是指由本单位经办部门和人员在完成经济业务时填制的，如材料、产品入库时由仓库人员填制的收料单、入库单，生产车间或其他部门领用材料物资时填制的领料单，销售人员出差回来报销时填制的报销单等，如表 5-1 所示。

表 5-1　差旅费报销单

差旅费报销单

预借款	3000.00
补领或交还 √	300.00

2020 年 6 月 27 日

部门	业务部		姓名		李丹	出差事由		与客户谈业务	
出差起止日期			2020.06.02—2020.06.07			附单据 7张			
起讫时间	起讫地点	飞机、车、船		住宿费	出差补贴	市内交通费	其他费用		附注
		名称	金额				名称	金额	
06.02	广州—北京	飞机	1 000.00	500.00	200.00	200.00	饮食	300.00	
06.06	北京—广州	飞机	1 000.00			100.00			
合　计			2 000.00	500.00	200.00	300.00		300.00	
合计金额（大写）⊗ 叁仟叁佰元整									

主管：李淇　　审核：李烨　　出纳：赵宇仙　　报销人：李丹

2. 按填制次数和方法不同划分

原始凭证按其填制次数和方法不同分为一次凭证、累计凭证和汇总原始凭证。

（1）一次凭证。一次凭证是指一次填制完成的原始凭证，通常只能反映一项经济业务，或同时发生的若干项同类经济业务。一次凭证使用方便灵活，但凭证数量较多。外来原始凭证和自制原始凭证一般都属于一次凭证。一次凭证有收款收据、增值税专用发票、领料单、发货票、借款单、银行结算凭证等，增值税专用发票如图 5-2 所示。

广东增值税专用发票

发票联

NO.12345678

开票日期：2020年 6月 28日

购货单位	名　　称：翱翔人力有限公司 纳税人识别号：987654321012345678 地 址、电 话：广东省珠海市金湾区红旗 0757—26612345 开户行及账号：中国银行金湾分行 54321678901234567	密码区	9>2>-5936-54233/+1470*0661 *>>7123<<5<39>35//89-47660- 0</8*<97>397644*243/+/3>1/ *674<0/716<8<7+3*837/19>2-6

货物或应税劳务名称	规格型号	单位	数量	单价	金额	税率（%）	税额
办公桌椅		套	32	1 580	50 560.00	13%	6 572.80
合　计					¥50 560.00		¥6 572.80
价税合计（大写）	⊗伍万柒仟壹佰叁拾贰元捌角整				（小写）¥57 132.80		

销货单位	名　　称：大发有限公司 纳税人识别号：983084765278327840 地 址、电 话：广东省珠海市横琴区横岸 0447—26670986 开户行及账号：中国银行香洲分行 98765432132456780	备注	

收款人：张三　　复核：李四　　开票人：刘武　　销货单位：（章）

大发有限公司 983084765278327840 发票专用章

第三联 发票联 购货方记账凭证

图 5-2　增值税专用发票

（2）累计凭证。累计凭证是指在一定时期内，在同一张凭证中多次登记同类重复发生的经济业务的一种原始凭证，“限额领料单”就是典型的累计凭证，如表 5-2 所示。使用这种凭证既可以做到对领用材料的事前控制，又可以减少凭证数量，简化核算手续。

表 5-2　限额领料单

限额领料单

领料部门：生产车间　　　　　　　　　　　　发料仓库：2号

用　　途：B产品生产　　2020年5月19日　　编　　号：005

材料类别	材料名称	规格		计量单位	领用限额		实际领用			备注
							重量	单价/元	金额/元	
型钢	0348	圆钢 10mm		千克	500		480	4.40	2 112	
日期	请领		实发			退库			限额结余（超支）	
	重量	负责人（签章）	重量	发料人	领料人	重量	收料人	退料人		
2.3	200		200	张三	李四				300	
2.12	100		100	张三	李四				200	
2.20	180		180	张三	李四				20	
合计	480		480						20	

供应部门负责人：李薇　　生产计划部门负责人：佟伟　　仓库负责人签章：刘俊

（3）汇总原始凭证。汇总原始凭证是根据一定时期内（每周、每旬或每月等）若干份反映同类性质经济业务的原始凭证汇总编制而成的原始凭证，是有关责任人根据经济管理的需要定期编制的。汇总原始凭证可以简化凭证的编制工作，同时也能反映经济管理所需要的总量指标，如“现金收入汇总表”“收料凭证汇总表”“发出材料汇总表”等，如表 5-3 所示。

表 5-3　发出材料汇总表

发出材料汇总表

2020年5 月　　　　　　　　　　　　单位：元

材料名称	基本生产车间耗用		车间一般耗用	行政管理部门耗用	合计
	A车间	B车间			
甲材料	89 000	15 800	6 500	3 200	114 500
乙材料	45 600	12 300	9 400	2 900	70 200
合计	134 600	28 100	15 900	6 100	18 4700

（二）记账凭证

记账凭证是会计人员根据审核无误的原始凭证或原始凭证汇总表，按照经济业务或事项的内容进行分类整理，并据以确定会计分录后所填制的会计凭证，它是登记账簿的直接依据。会计人员填制记账凭证时要严格按照规定的格式和内容要求进行。

记账凭证按其反映的经济业务，可以分为专用记账凭证和通用记账凭证两大类。

1. 专用记账凭证

专用记账凭证是用来专门记录某一类经济业务的记账凭证。专用记账凭证按其所记录的经济业务是否与货币资金收付有关又可以分为收款凭证、付款凭证和转账凭证三种。

（1）收款凭证是根据现金及银行存款收入业务的原始凭证填制，用来记录现金及银行存款收入业务的记账凭证。收款凭证具体可分为现金收款凭证和银行存款收款凭证，它是登记库存现金日记账和银行存款日记账及其他相关账簿的依据，也是出纳人员收讫款项的依据，如表 5-4 所示。

表 5-4　收款凭证

收　款　凭　证

J1式

借方科目：　　　　20　　年　　月　　日　　　　字第　　号

摘　要	贷方科目		金　额											记账
	总账科目	明细科目	亿	千	百	十	万	千	百	十	元	角	分	√
	合　计													

附单据　　张

财务主管　　记账　　出纳　　审核　　制证

（2）付款凭证是根据现金及银行存款付款业务的原始凭证填制，用来记录现金及银行存款付款业务的记账凭证。付款凭证具体可分为现金付款凭证和银行存款付款凭证，它是登记库存现金日记账和银行存款日记账及其他相关账簿的依据，也是出纳人员支出款项的依据，如表 5-5 所示。

表 5-5　付款凭证

付　款　凭　证

J2式
贷方科目：　　　　　　　　　　　　20　　年　　月　　日　　　　　　　　字第　　　号

摘　要	借方科目		金　额											记账√
	总账科目	明细科目	亿	千	百	十	万	千	百	十	元	角	分	
	合　计													

附单据　　张

财务主管　　　　记账　　　　出纳　　　　审核　　　　制证

（3）转账凭证是根据与现金、银行存款收付款业务无关的转账业务（即在经济业务发生时不需要收付现金和银行存款的各项业务）的原始凭证填制，或根据账簿记录数据填制的记账凭证，是登记相关明细账和总账的依据。如为机器设备等固定资产计提累计折旧、结转已出售产品的销售成本及期末结算损益类账户等经济业务都属于应编制转账凭证的转账业务，其格式如表 5-6 所示。

表 5-6　转账凭证

转　账　凭　证

J3a式　　　　　　　　　　　　20　　年　　月　　日　　　　　　　　字第　　　号

摘　要	会计科目		借方金额												贷方金额											记账√
	总账科目	明细科目	亿	千	百	十	万	千	百	十	元	角	分		亿	千	百	十	万	千	百	十	元	角	分	
	合　计																									

附单据　　张

财务主管　　　　记账　　　　审核　　　　制证

2. 通用记账凭证

通用记账凭证是指用一种格式来记录所有经济业务的凭证，即不管是收款业务、付款业务还是转账业务，均根据其原始凭证来填制该种通用记账凭证，其格式与转账凭证基本相同，如表 5-7 所示。

表 5-7　记账凭证

记 账 凭 证

J3b式　　　　　　　　20　年　月　日　　　　　　字第　　号

摘要	会计科目		借方金额												贷方金额											记账
	总账科目	明细科目	亿	千	百	十	万	千	百	十	元	角	分		亿	千	百	十	万	千	百	十	元	角	分	√
	合计																									

附单据　张

财务主管　　记账　　出纳　　审核　　制证

对于经济业务比较单一、规模较小、收付款业务不多的单位，可以使用一种通用记账凭证，不使用前述的专用记账凭证。

综上所述，会计凭证的分类，如图 5-3 所示。

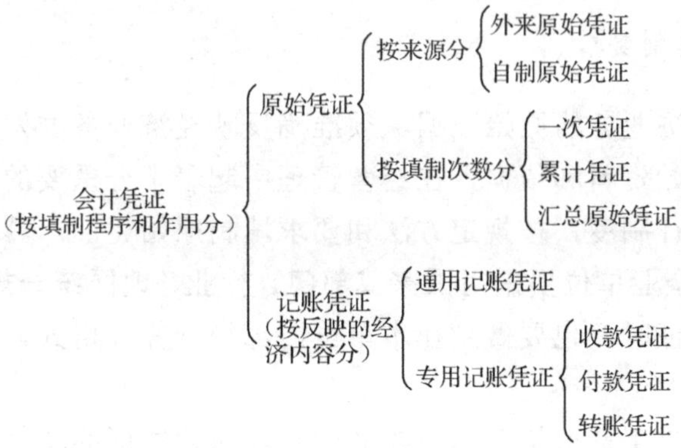

图 5-3　会计凭证分类

任务二　填制与审核会计凭证

任务描述

本任务的目标是明确原始凭证与记账凭证的填制要素与填制方法。通过本任务的学习，掌握原始凭证与记账凭证的填制与审核。

一、填制与审核原始凭证

（一）原始凭证的填制

1. 原始凭证的基本内容

经济业务是多种多样的，原始凭证的格式和内容也因经济业务和经营管理的不同而呈现多样化。但是，所有原始凭证作为经济业务的原始证据，都必须能够准确反映经济业务的发生和完成情况，明确经办人员责任，所以原始凭证都应具备共同的基本内容，主要包括如下内容。

（1）原始凭证的名称。

（2）填制原始凭证的日期。

（3）原始凭证的编号。

（4）填制单位或接受单位名称。

（5）经济业务内容，包括摘要、名称、数量、单价、金额等。

（6）相关人员签名、签章或单位公章、业务章等。

2. 原始凭证的填制要求

原始凭证作为经济业务的原始证据，须准确反映经济业务的发生和完成情况，是进行会计核算工作的原始资料和依据，在经营管理中起着十分重要的作用。因此，填制人员应严格遵守财务会计制度，按规定方法和要求填制原始凭证，具体要求如下。

（1）格式规范。企业单位要采用国家或部门、行业、地区统一规定的标准格式凭证。单位开具各项专用凭证时，也要做到在本单位内部统一凭证格式，避免相同经济业务使用不同的凭证。

（2）记录真实。要实事求是地填写经济业务。原始凭证的填制日期、业务内容、数量、金额等必须与实际情况相符，实物的数量和质量要经有关部门和人员的检查验收，有关金额的数字计算要经有关人员核对，确保凭证所记录的内容真实可靠。

（3）各项内容齐全完整。原始凭证上各项内容要填写齐全，不得遗漏，名称要齐全，不能简化，品名或用途要填写明确清楚，不能含糊不清。填写一式数联的原始凭证时，必须用复写纸套写，各联内容必须完全相同，联次不得缺少，业务经办人员必须在原始凭证上签名或者盖章，对凭证的真实性和正确性负责。同时各项手续也要齐全完整，如原始凭证上的签名与签章都必须按规定填制。

（4）填制及时。应根据经济业务发生或执行，按规定及时填制凭证，不能提前，也不能拖后，避免事后回忆填制，产生差错。

（5）书写清楚、规范。填写原始凭证要字迹清晰、易于辨认，不得使用未经国务院公布的简化汉字，大小写金额填写要符合规定。发生差错要按规定方法更正。凭证上的文字和数字，需要手工书写的，用蓝黑墨水或者碳素墨水笔书写，要正确、清楚，如有书写错误，应按照规定方法更正或作废，任何凭证不得污染、抹擦或挖补。涉及现金、银行存款收付的原始凭证，如发票、收据、支票等，都有连续编号，应按编号连续使用，这类凭证如有填写错误，应予作废重填，并在填错的凭证上加盖“作废”戳记，与存根一起保存，不得任意销毁。

金额的填写要符合下列规范。

① 中文大写金额数字，一律用正楷字或行书字体书写，如壹、贰、叁、肆、伍、陆、柒、捌、玖、拾、万、亿、元、角、分、零、整（正）等字样，不得使用未经国务院公布的简化汉字，也不能自造汉字。大写金额数字满拾元而不足贰拾元的，应在“拾”字前加写“壹”字；大写金额数字到元或角为止的，在“元”或“角”字之后应写“整”字。

② 小写金额的填写。阿拉伯数字应逐个填写，不得连笔。阿拉伯金额数字前面应写货币符号“¥”，货币符号与阿拉伯金额数字之间不得留有空白。凡是阿拉伯数字前有货币符号的，数字后面不再写“元”字，如¥165.53。所有以元为单位的阿拉伯数字，除表示单价等情况外，一律填写到角分，无角分的应写“00”，有角无分，分位应写“0”，不得用符号“-”代替，如“¥165.50”为正确写法，“¥165.5-”则为错误写法。

③ 阿拉伯金额数字中间有“0”时，汉字大写金额要写“零”字。如小写金额¥2 808.60，大写金额应写成“人民币贰仟捌佰零捌元陆角整”；如小写金额¥3 507.06，大写金额应写成“人民币叁仟伍佰零柒元零陆分”。

④ 阿拉伯金额数字中间有连续几个“0”时，汉字大写金额中间可以只写一个“零”字。如小写金额¥2 008.52，大写金额应写成“人民币贰仟零捌元伍角贰分”。但如果阿拉伯金额数字万位或元（个）位是“0”而千位和角位不是“0”时，中文大写金额中可以只写一个“零”字，也可以不写“零”字。如小写金额¥1 870.63，大写金额可写成“人民币壹仟捌佰柒拾元零陆角叁分”，或者写成“人民币壹仟捌佰柒拾元陆角叁分”；小写金额¥109 000.97，大写金额可写成“人民币壹拾万玖仟元零玖角柒分”，或者写成“人民币壹拾万零玖仟元玖角柒分”。

⑤ 凡填有大写和小写金额的原始凭证，大小写金额必须一致。

（6）执行规范。符合党和国家方针、政策、规则、制度和法律的经济业务，才能填制凭证，并作为会计处理的依据；对于不符合的经济业务，不得填制凭证，并要查明原因，提请上级领导处理。

（7）其他。

① 自制的原始凭证，需要有经办人签名，以及经办单位的负责人或者由单位负责人授权的人员的签名或者盖章。

② 外来原始凭证，从外单位取得的，必须盖有填制单位的合法印章；从外部个人处取得的，必须有填制人员的签名或者印章。

③ 货币资金支出的原始凭证，特别是现金支付的情况，必须要更加严谨，应有收款

单位和收款人的正规收款证明，而不能仅以支付款项的有关凭证（如银行汇款凭证）等代替。

④ 购买实物的原始凭证，应该附有验收证明，特别是原材料及固定资产类实物。其目的是检验财产物资的质量是否符合规定要求，并明确经济责任，确保账物相符，也防止盲目采购，避免物资短缺和流失。

⑤ 销售货物发生退回并退还货款情况时，除有退货发票外，还必须有退货验收证明；退款时，必须取得对方的收款收据或者汇款银行的凭证，不得以退货发票代替收据，以免造成货物流失及发生舞弊行为。

⑥ 单位内部职工借款的凭据，必须作为原始凭证附在记账凭证之后。收回借款时，应当另行开具借款收回的收据或者退还借款副本，不得退还原借款收据，以保持会计资料的完整性。

⑦ 若有经上级有关部门批准的经济业务，该批准文件应作为原始凭证的附件。如果批准文件需要单独归档，则应当在凭证上注明文件的批准机关名称、日期和文号，以便确认经济业务的审批情况及方便后期查阅。

另外，需要注意的是，对于不能单独证明经济业务发生和完成情况的书面凭据，如各种合同、银行对账单、采购申请单等，不能作为原始凭证据以入账，只能作为原始凭证的附件加以保存。

（二）原始凭证的审核

原始凭证的审核是按照规定对原始凭证进行的审查与核实。为明确经济责任，如实反映经济业务的发生和完成情况，充分发挥会计的监督职能，会计人员须对自制的或外来的原始凭证进行审核，这是保证账簿记录真实准确的重要环节。原始凭证审核不严，就可能使会计信息丧失客观性和真实性。原始凭证的审核主要包括以下几个方面。

1. 真实性审核

真实性审核的内容主要包括：凭证上记载的经济业务发生的时间、地点和填制凭证的日期是否真实，经济业务的内容、数量金额等数据是否真实。如采购货物，原始凭证要标明所购货物的数量、单价、金额等，经质检人员检验合格出具证明，由保管员验收并在入库单上签字，方能证明数量真实。

2. 准确性审核

准确性审核是指审核原始凭证的各项内容是否填列清晰、准确，如摘要、数字是否正确，大小写金额是否一致，合计金额是否计算准确，有无涂改痕迹等。

3. 完整性审核

完整性审核即审核原始凭证上各项要素是否齐全，内容是否完整，如发票上应有的财务公章、税务专用章、各联的用途、发票编号等是否齐全；审核手续是否完备，如业务双方经办人是否签名或盖章，需经领导签名批准的原始凭证是否有领导人的亲笔签名等，对手续不全的原始凭证应退回。

4. 合法性审核

合法性审核主要是对原始凭证上记载的经济事项是否符合国家的政策法令、制度办法等规定要求，是否符合合同的规定，是否履行了规定的凭证传递和审核程序，是否有贪污受贿行为等。

5. 合理性审核

合理性审核是根据国家的方针、法规和制度，从经营和管理的具体情况出发，按照厉行节约、反对浪费、提高经济效益的原则，审核原始凭证上记载的经济事项发生或完成是否合理。

原始凭证审核发现有错误的，不得随意涂改，涂改的原始凭证是无效的，应当由开出单位重新开具或予以更正，更正后应在更正处加盖开出单位的公章。原始凭证中金额有错误的，由出具单位重开，不得在原始凭证上更正。

二、填制与审核记账凭证

项目四中列举经济业务发生所做记录的例子，为了教学方便采取的是通过会计分录的方法进行的。在实际工作中，对发生的经济业务都是在收集、整理原始凭证的基础上加以分析，并填制记账凭证来进行的。

（一）记账凭证的填制

1. 记账凭证的基本内容

因各单位规模大小不同、所须反映的经济业务内容也不相同，因此记账凭证的具体格式也有所不同，但为了满足记账的基本要求，记账凭证都必须具备以下基本内容。

（1）记账凭证的名称。

（2）填制记账凭证的日期。

（3）记账凭证的编号。

（4）经济业务或事项的内容摘要。

（5）会计科目（包括一级科目、二级或明细科目）、记账方向和金额。

（6）所附原始凭证的张数。

（7）记账标记。已记账的应在“记账”栏内打“√”或签章。

（8）财务主管、审核、记账、制证等有关人员签名或盖章，收付款凭证还须有出纳人员签章。

2. 记账凭证的填制要求

记账凭证是登记账簿的直接依据，必须严格按要求进行填制，具体填写有如下要求。

（1）填制依据要真实、完整和合法。记账凭证是以经过审核确认为真实、完整和合法的原始凭证为附件依据，除结账和更正错账的记账凭证可以不附原始凭证外，其他记账凭证必须附有原始凭证。

（2）记账凭证日期的填制。记账凭证的填制日期通常应与经济业务发生的日期或收到原始凭证的日期一致。如现金收付款凭证的日期按出纳实际办理收付现金的日期填写；银行的收付款业务，一般应按银行盖章日期填写；月末结转的业务，以及调整账目、财产清查等业务，按当月最后一天的日期填制。

（3）记账凭证摘要的填写。摘要应简明扼要、真实准确，与经济业务的内容和所附原始凭证的内容相符即可，无统一规定。填写摘要主要是为了便于查阅凭证和登记账簿。

（4）会计分录的填写。会计分录是记账凭证中的重要内容，须正确规范填写。使用正确的会计科目，编制分录时遵循“有借必有贷，借贷必相等”的原则，注意应先借后贷，除非业务本身需要，不能为了简化手续而编制多借多贷会计分录。会计人员在填写会计科目时，应当填写会计科目的全称或会计科目的名称和编号，不得简写或只写会计科目的编号而不填名称。为了便于登记日记账和明细账，还应填写明细科目。

（5）记账凭证所附单据张数的填写。根据记账凭证后附的原始凭证张数填写，用阿拉伯数字写在记账凭证的右侧。附单张数的计算方法有以下两种：一是按构成记账凭证金额所附原始凭证的自然张数计算张数，但对差旅费、市内交通费、医疗费等报销单据，可贴在一张纸上，作为一张原始凭证（报销清单）附件。二是有原始凭证汇总表的附件，可将其张数作为记账凭证的附单张数，再把原始凭证作为原始凭证汇总表的张数处理，即凡与经济业务内容相关的凭证，都作为记账凭证的附件。

如果一张原始凭证涉及几张记账凭证时，可以把原始凭证附在一张主要的记账凭证后面，并在其他记账凭证上注明附有该原始凭证的记账凭证的编号或者再附上原始凭证复印件。对于结账和更正错账的记账凭证，可以不附原始凭证。

（6）记账凭证的编号。记账凭证是登记入账的依据，为了能按顺序登账和核对账簿，并保证会计凭证的安全和完整，方便日后查找，会计人员应及时对记账凭证予以编号。记账凭证的编号按月编写，并且应按日期顺序进行，不能交叉错杂。如果全部使用通用记账凭证，可按经济业务发生的先后顺序编号；如果使用专用凭证，可采用“字号编号法”，即按凭证类别顺序编号，如“现付字第×号”“银收字第×号”“转字第×号”等。如果一笔经济业务需要编制几张凭证，那么凭证编号可在此号码下，采用分数的方法来表示，如第 19 号会计业务有 2 张记账凭证，编号分别为 19 1/2 号、19 2/2 号。无论采取哪种方法编号，均应按月从“1”开始顺序编号，不得跳号、重号。

（7）相关人员盖章。为明确责任，规定记账凭证上应有相关人员签章，即须在记账凭证最下方的填制、审核、记账、财务主管等处分别签章。对于收付款业务，还须出纳人员签章，并在原始凭证上加盖“收讫”或“付讫”戳记。目前，很多单位都已实行会计电算化，打印出来的机制凭证也需要在上面加盖制单、审核等人员签章，以明确责任。

（8）“红字”金额。手工账中数字可用红色墨水书写表示负数，但不准以“负数”表示，而机制凭证直接用负数表示。

（二）记账凭证的填制方法

下面分别介绍专用记账凭证和通用记账凭证的具体填制方法。

1. 专用记账凭证的填制方法

（1）收款凭证的填制方法。收款凭证是根据现金及银行存款收入业务填制的记账凭证，在该凭证左上角“借方科目”处，根据经济业务的内容来选择填写“库存现金”或“银行存款”科目；凭证正上方的“年、月、日”处，填写财务人员受理经济业务或事项制证的日期；凭证右上角的“字第 号”处，按日期顺序填写“银收”、“现收”或“收”字编号；“摘要”栏简要填写经济业务内容；“贷方科目”处的“总账科目”和“明细科目”栏填写与银行存款或现金收入相对应的总账科目及其明细科目；右侧“附单据 张”处填写所附原始凭证的张数；“记账”栏则应在已经登记账簿后画“√”符号，表示已经入账，以免出现漏记或重记；在凭证最下方的财务主管、记账、出纳、审核等处，则由相关人员签章，如表 5-8 所示。

表 5-8 收款凭证

收 款 凭 证

J1式

借方科目：银行存款　　2020 年 6 月 10 日　　收 字第 6 号

摘要	贷方科目		金额											记账√
	总账科目	明细科目	亿	千	百	十	万	千	百	十	元	角	分	
收回前欠货款	应收账款	甲公司						8	6	0	0	0	0	
	合计							8	6	0	0	0	0	

附单据 3 张

财务主管：李三　　记账：刘云梅　　出纳：张五　　审核：王六　　制证：肖海

（2）付款凭证的填制方法。付款凭证是根据现金及银行存款支付业务填制的记账凭证，其格式与填制方法与收款凭证基本相同，区别是其左上角为“贷方科目”。填制时先填写凭证左上角“贷方科目”处的“库存现金”或“银行存款”科目，再填写作为与付出现金或银行存款相对应的总账科目和明细科目，编号则填写为“银付”、“现付”或“付”字，如表 5-9 所示。

表 5-9 付款凭证

付 款 凭 证

J2式

贷方科目：库存现金　　2020 年 3 月 2 日　　付 字第 9 号

摘要	借方科目		金额											记账√
	总账科目	明细科目	亿	千	百	十	万	千	百	十	元	角	分	
支付广告费	销售费用	广告费						9	0	0	0	0	0	
	合计							9	0	0	0	0	0	

附单据 2 张

财务主管：李四　记账：刘五　出纳：蓝天　审核：肖婷婷　制证：胡媚媚

思考：现金和银行存款之间的划转业务，应填制何种专用记账凭证？

解答：为了避免重复，一般只编制付款凭证，如将现金存入银行的业务，就只填制现金付款凭证；从银行提取现金的业务，只填制银行存款付款凭证。

（3）转账凭证的填制方法。转账凭证是依据与现金和银行存款收支无关的转账业务编制的，须将经济业务所涉及的会计科目全部填列在凭证内，包括总账科目和明细科目，借方科目在前，贷方科目在后，将各会计科目所记应借应贷的金额填列在“借方金额”或“贷方金额”栏内，借、贷方金额合计数应该相等；在凭证右上角的“字第 号”处，按日期顺序填写“转”字编号；“摘要”栏简要填写经济业务内容；在凭证右侧“附单据 张”处填写所附原始凭证的张数；“记账”栏则应在已经登记账簿后画“√”符号，表示已经入账，以免出现漏记或重记；在凭证最下方的财务主管、记账、审核、出纳等处，则由相关人员签名或盖章，如表 5-10 所示。

2. 通用记账凭证的填制方法

记账凭证可以不分收、付款及转账业务，同一格式，不用设“收、付及转账凭证的字样”，即为通用记账凭证。通用记账凭证格式与填制方法与转账凭证基本相同，区别是编号字样有所不同，即在凭证右上角的“字第 号”处，应按日期顺序填写“记”字编号，如表 5-11 所示。

表 5-10　转账凭证

转 账 凭 证

J3a式　　　　　　2020 年 6 月 13 日　　　　　　转字第 8 号

摘要	会计科目		借方金额											贷方金额											记账√
	总账科目	明细科目	亿	千	百	十	万	千	百	十	元	角	分	亿	千	百	十	万	千	百	十	元	角	分	
收到工行短期借款	银行存款	工行金华支行				3	0	0	0	0	0	0	0												
	短期借款	工商银行															3	0	0	0	0	0	0	0	
合计						3	0	0	0	0	0	0	0				3	0	0	0	0	0	0	0	

附单据 3 张

财务主管：林玲　　记账：张小六　　审核：王灿　　制证：李玉

表 5-11　通用记账凭证

记 账 凭 证

J3b式　　　　　　2020 年 5 月 31 日　　　　　　记字第 58 号

摘要	会计科目		借方金额											贷方金额											记账√
	总账科目	明细科目	亿	千	百	十	万	千	百	十	元	角	分	亿	千	百	十	万	千	百	十	元	角	分	
计提折旧	管理费用	折旧费						3	9	0	0	0	0												
	制造费用	折旧费						5	1	0	0	0	0												
	累计折旧																		9	0	0	0	0	0	
合计								9	0	0	0	0	0						9	0	0	0	0	0	

附单据 1 张

财务主管：林玲　　记账：张小六　　出纳：刘和美　　审核：王灿　　制证：李玉

（三）记账凭证的审核

记账凭证是登记账簿的直接依据，为了确保账簿记录的准确，监督款项收付，及时提供准确完整的会计信息，必须建立记账凭证审核制度，对记账凭证进行严格、认真的审核。记账凭证的审核主要包括以下几个方面的内容。

（1）审核记账凭证是否附有原始凭证，所附原始凭证的张数与记账凭证上填写的张数是否一致，记账凭证所反映的经济业务的内容是否与所附原始凭证的内容相符。

（2）审核记账凭证中的会计科目和金额是否正确，账户的对应关系是否清楚正确，核算的内容是否符合企业会计准则的规定。

（3）审核记账凭证中所须填写的项目是否齐全、准确，填制手续是否完备，摘要是否清楚，附件张数是否正确，书写是否规范，有关人员是否都已签章等。

（4）实行会计电算化的单位，对于机制记账凭证，同样也要认真检查、核对，格式要符合要求，会计科目使用须正确，数据要准确。

如果审核发现有错漏的记账凭证，应根据实际情况按照规定重新填制凭证或进行红字更正。

任务三　传递与保管会计凭证

任务描述

本任务的目标是了解会计凭证的传递作用，明确会计凭证的保管要求与期限。通过本任务的学习，正确认识保管好会计凭证的重要性。

一、会计凭证的传递

会计凭证的传递，是指会计凭证从其取得或填制开始，经过审核、记账、装订到归档保管时止，在单位内部各有关部门和人员之间按规定的时间、路线办理业务手续和进行处理的过程。

1. 会计凭证传递的作用

正确组织会计凭证的传递，对于及时处理和登记经济业务、提高工作效率、实行会计监督、明确经济责任，具有重要作用。具体体现在以下几点。

（1）通过会计凭证传递，有利于及时反映各项经济业务的发生或完成情况。通过会计传递程序能把有关经济业务的完成情况及时反映到有关部门和人员，以保证会计凭证按时被送到财务会计部门，及时进行会计核算，提高会计核算工作的效率。

（2）通过会计凭证传递，有利于正确地组织经济活动，贯彻经济责任制。通过正确地组织会计凭证的传递，能把本单位有关部门和人员的活动紧密联系起来，明确分工协作关系，强化各工作的监督和制约作用，体现经济责任制度的执行情况。

（3）通过会计凭证的传递，有利于实现会计监督，充分发挥会计监督作用。会计凭证实际上起着牵制、监督的作用，通过会计凭证传递，可以督促有关部门和人员及时、正确地完成各项经济业务，并按规定办理好各种凭证手续，从而强化各部门岗位责任制。

2. 组织会计凭证传递的要求

不同的会计凭证所记载的经济业务内容不同，涉及的部门和人员不同，各种经济业务的手续也不一样，为合理组织会计凭证的传递，及时反映、记录经济业务，正确、合理组织会计凭证传递工作应注意以下几点。

（1）定传递路线。要根据经济业务的特点，结合企业内部机构的设置和人员分工的情况，以及满足企业经营管理上的需要，规定会计凭证的传递程序并据此规定会计凭证的份数。传递程序既要严密完备，又要简便易行，防止传递层次过多，延误时间。既要提高效率，又要符合内部牵制原则。

（2）定传递时间。要根据有关部门和人员对经济业务办理必要手续（如计量、检验、审核、登记等）的需要，确定凭证在各个环节停留的时间，保证业务手续的完成。一般来说，重要的经济事项，有较多的控制环节，会计凭证的传递时间相对长一些；反之，则相对短一些。企业在规定会计凭证的传递时间时，既要防止时间过紧不合理，完成任务匆忙，影响工作质量，又要防止凭证积压和不必要的耽搁，从而使会计凭证以最快速度传递，以充分发挥它及时传递经济信息的作用。

（3）定传递责任。建立会计凭证交接的签收制度。为了确保会计凭证的安全和完整，在各个环节中都应指定专人办理交接手续，做到责任明确、手续完备、严密且简便易行。

二、会计凭证的保管

会计凭证的保管指的是会计凭证记账后的整理、装订、归档和存查工作。会计凭证是重要的经济档案和历史资料，不得丢失或任意销毁，这就要求制定严密的保管制度，既要保证会计凭证的安全，又要保证日后查找会计凭证方便、准确。会计凭证的保管有如下一些方法和要求。

1. 会计凭证应定期归类整理

（1）每月记账完毕，要分类并按顺序号对会计凭证加以整理，检查有无缺号、附件是否齐全完备，然后按顺序号排列装订成册，并加具会计凭证封面，封面应注明单位名称、凭证类别、凭证张数、起止号数、总计册数、年度、月份、会计、装订人等有关事项，财务主管人员和保管人员应在封面上签章，如图 5-4 所示。

会 计 凭 证 封 面

册数编号	

装订线

单位名称：　　　　自　　年　　月　　日起至　　年　　月　　日止

凭证单号数：自第　号至第　号	凭证类别：
原始凭证、汇总凭证张数	共　张
会计凭证总页数	共　页

年　　月　　日装订　　　　会计　　　　　　　　装订人

图 5-4　会计凭证封面

（2）装订会计凭证时要注意，原始凭证长、宽度超过记账凭证的，要折叠成小于记账凭证的长、宽度，折叠时要注意装订的位置，防止将原始凭证装订得不能翻阅。装订处两面均要贴封签，并由装订人和财务主管共同加盖骑缝章。为便于查找，在凭证的背脊上或包角处标明年、月、册号、凭证类别、起讫号等。

（3）当原始凭证较多时可单独装订，但应在凭证封面注明所属记账凭证的日期、编号和类别，同时在所属的记账凭证上应注明“附件另订”及原始凭证的名称和编号，以便查阅。

2. 会计凭证应集中保管

会计凭证要按档案管理的有关规定，进行集中保管，并由专人负责。会计凭证原件不得外借，其他单位如有特殊原因确实需要借用时，经本单位负责人、会计机构负责人批准，可以借用复制件。向外单位提供原始凭证复制件时，应在专设的登记簿上登记，并由提供人员和收取人员共同签名或盖章。

3. 严格按规定执行会计凭证的保管期限和销毁手续要求

会计档案的保管期限分为永久、定期两类。自2016年1月1日起施行的《会计档案管理办法》中规定，会计凭证、会计账簿等主要会计档案的最低保管期限为30年，其他辅助会计资料的最低保管期限为10年，年度财务报告等重要资料应永久保存。会计档案的保管期限，从会计年度终了后的第一天算起。

应定期对已到保管期限的会计档案进行鉴定，并形成会计档案鉴定意见书。经鉴定，仍须继续保存的会计档案，应当重新划定保管期限；对保管期满、确无保存价值的会计档案，可以按照规定的程序进行销毁。

【知识巩固】

一、单选题

1．以下不属于会计凭证的是（　　）。

A．差旅费报销单　B．产品出库单　C．购货发票　D．员工简历

2．以下选项中对应大写金额“人民币叁仟零捌元伍角陆分”的小写金额格式正确的是（　　）。

A．¥3 008.56　B．3 008.56　C．¥3 080.56 元　D．¥3 008.56 元

3．会计凭证的保管期限一般为（　　）年，其中对于某些重要的会计凭证要永久保管。

A．5　B．10　C．15　D．20

4．企业从银行提取现金，应编制（　　）。

A．银行存款收款凭证　B．银行存款付款凭证

C．现金收款凭证　D．现金付款凭证

5．记账凭证的编号，无论采取哪种方法编号，应（　　），不得跳号、重号。
A．按月从“1”开始顺序编号　　B．按全年从“1”开始顺序编号
C．可从任意数开始编号　　D．按季度从“1”开始顺序编号
6．对于金额有错误的原始凭证，应（　　）。
A．划线更正　　B．红字更正　　C．作废重填　　D．直接涂改
7．记账凭证上记账栏中的“√”表示（　　）。
A．已经登记入账　　B．不须登记入账
C．此凭证作废　　D．此凭证编制正确
8．对于（　　），各单位不得自行设计和印制。
A．出库单　　B．领料单　　C．银行汇票、本票　　D．入库单
9．原始凭证上的金额书写错误的是（　　）。
A．阿拉伯金额数字中间有连续几个“0”时，汉字大写金额中间可以只写一个“零”字
B．凡填有大写和小写金额的原始凭证，大写和小写金额必须一致
C．阿拉伯金额数字中间有“0”时，汉字大写金额要写“零”字
D．有角无分，分位应写“0”，也可以用符号“-”代替
10．下列属于累计凭证的是（　　）。
A．购货发票　　B．限额领料单　　C．银行进账单　　D．付款收据

二、多选题

1．专用记账凭证按其所记录的经济业务是否与货币资金收付有关可以分为（　　）。
A．转账凭证　　B．收款凭证　　C．付款凭证　　D．会计凭证
2．原始凭证按其来源的不同，可以分为（　　）。
A．外来原始凭证　　B．自制原始凭证　　C．一次凭证　　D．汇总凭证
3．原始凭证审核主要包含（　　）。
A．真实性审核　　B．完整性审核　　C．合理性审核　　D．合法性审核
4．记账凭证的基本内容包含（　　）。
A．填制记账凭证的日期　　B．记账凭证编号
C．会计科目、记账方向和金额　　D．记账标记
5．原始凭证的基本要素包含（　　）。
A．原始凭证的名称　　B．经济业务内容摘要
C．填制凭证的日期　　D．数量、单价和金额
6．做好原始凭证的填制工作，一般要求（　　）。
A．填写齐全完整　　B．记录真实、填制及时
C．书写清楚、规范　　D．格式规范
7．以下属于自制原始凭证的有（　　）。
A．购货发票　　B．生产领料单

C．银行回单　　　　　　　　　　D．工资发放明细表

8．原始凭证按填制手续可分为（　　）。

A．一次凭证　　　　　　　　　　B．累计凭证

C．汇总原始凭证　　　　　　　　D．自制原始凭证

9．对于记账凭证的编号，当一笔会计业务需要填制两张记账凭证时，该记账凭证编号顺序是第 19 号，那该两张记账凭证的编号应为（　　）。

A．19　　　B．20　　　C．19 1/2　　　D．19 2/2

10．为机器设备计提累计折旧，可能编制的记账凭证有（　　）。

A．收款凭证　　B．转账凭证　　C．付款凭证　　D．通用记账凭证

三、判断题

1．企业将现金存入银行时，需要编制的凭证是银行的收款凭证。（　　）

2．对于经济业务比较单一、规模较小、收付款业务不多的单位，可以使用通用记账凭证。（　　）

3．凡填有大写和小写金额的原始凭证，大写和小写金额必须一致。（　　）

4．小写金额的填写规范中，阿拉伯数字应逐个填写，不得连笔。阿拉伯金额数字前面写货币符号，货币符号与阿拉伯金额数字之间可以留有空白。（　　）

5．会计人员在填写会计科目时应当填写会计科目的全称或会计科目的名称和编号，也可以简写或只写会计科目的编号。（　　）

6．原始凭证上的文字和数字，需要手工书写的，用蓝黑墨水或者碳素墨水笔书写。（　　）

四、练习填制原始凭证

1．2020 年 5 月 12 日，广州的发达公司销售人员李兵因公赴杭州出差，预借差旅费 5 000 元。请你代李兵填写出正确的借款单。（借款单模板如图 5-5 所示）

借　款　单

单　位:　　　　　　　　　　　　日　期:　　年　月　日

部　门		借 款 人	
借款事由:			
借款金额（大写）:		¥:	
领导批示:	财务核定:	借款人（签字）:	
		开户信息:	
		账　号:	

图 5-5　借款单模板示意图

2．2020 年 5 月 22 日，李兵出差归来报销差旅费，向出纳员王姗姗递交差旅费报销单包含广州—杭州往返机票总计 3 800 元，市内交通费 300 元，住宿费 1 000 元，邮电办公费 50 元，伙食补贴 35 元一天，共 8 天，总计 280 元，报销总额 5 530 元。请你代李兵填写正确的差旅报销单。（差旅费报销单模板如图 5-6 所示）

差 旅 费 报 销 单

预借款	
补领或交还	

年　月　日

部门			姓名			出差事由			
出差起止日期						附单据　张			
起讫时间	起讫地点	飞机、车、船		住宿费	出差补贴	市内交通费	其他费用		附注
		名称	金额				名称	金额	
合　计									
合计金额（大写）									

主管：　　审核：　　出纳：　　报销人：

图 5-6　差旅费报销单模板

五、练习填制会计凭证

会计凭证模板

请根据以下经济业务内容填制相关记账凭证。

1．用现金 1 000 元，偿还前欠甲材料款。

要求：填制一张付款凭证。

2．企业向银行借入 60 000 元存入银行，借款期限为六个月。

要求：填制一张收款凭证。

3．从光明公司购入甲材料 100 千克，价款 8 000 元；购入乙材料 200 千克，价款为 6 000 元。运杂费共计 2 100 元。货款和税金尚未支付。

要求：填制一张转账凭证。

4．收到投资者投资款 10 000 元存入银行，设备 80 000 元，经评估价格净值为 75 000 元。

要求：填制一张通用记账凭证。

项目六

会计账簿

学习目标

1. 理解会计账簿的概念与作用
2. 了解会计账簿的分类
3. 理解并初步掌握各种账簿的设置方法和登记流程
4. 掌握对账和结账的方法
5. 学会运用错账更正方法进行错误更正

任务一　设置会计账簿

任务描述

本任务的目标是明确会计账簿的概念与作用，清楚会计账簿的分类与各类账簿的具体内容与格式。通过本任务的学习，可以认知不同的会计账簿。

一、会计账簿的概念

会计账簿，简称账簿，是由具有一定格式、相互联系的账页所组成，以审核后的会计凭证为依据，全面、系统、分类地记录和反映各项经济业务的簿籍。

设置和登记账簿是会计核算的一种专门方法，是编制财务报表的基础，是连接会计凭证和财务报表的中间环节。

【即学即思】会计账簿和会计凭证都是记录经济业务的会计资料，二者有什么区别？

解答：二者的记录方式不同，会计凭证对经济业务的记录是零散的，每张凭证只能反映一项经济业务的情况，不能全面、连续、系统地反映和监督经济业务内容；会计账簿对经济业务的记录是序时、全面、连续的，能够把分散在会计凭证中的大量核算资料加以集中，为经营管理提供系统、完整的核算资料。

二、会计账簿的作用

设置和登记账簿是会计核算中的一个重要环节。科学地设置和登记账簿，能全面、系统地记录和提供单位经济活动的各种数据，对于加强经济核算，改善和提高经营管理有着重要作用，主要体现在以下几个方面。

1. 有利于保护各项资产的安全、完整

账簿是财产清查的前提。企事业单位的各项财产物资的增减变动和结存情况，都是通过账簿记录来反映的。通过账簿记录的账面数与实地盘点的实存数的对比，来检查财产物资是否妥善保管、账实是否相符，如有不符，应查明原因，除查明账实不符的原因外，还应进一步采取措施，改进和加强财产管理，从而保护企业财产物资的安全、完整。

2. 有利于开展会计检查和会计分析

通过对账簿资料的检查和分析，能够考核企业资本、成本、利润及计划的执行情况，并分析企业经营过程中存在的问题，及时总结经验，以便加强企业管理，提高经济效益。账簿中积累的档案资料，是日后会计检查的依据，通过会计检查，可以明确经济责任，对经济业务的合法性、合理性和会计资料的真实性进行评价。

3. 为编制会计报表提供资料

账簿能为单位提供其一定时期内的资产、负债和所有者权益的增减变动及期末结存情况的数据，同时也能提供收入和费用的发生、净利润的实现和分配的情况的数据，通过账簿汇总整理，可以得到编制会计报表的资料，因此账簿是编制会计报表的主要依据。

4. 账簿能够提供系统、完整的会计信息

账簿是重要的会计资料，也是系统、全面地汇总整理会计资料的工具。将会计凭证所记录的经济业务都记入相关账簿，可以全面反映会计主体在一定时期内所发生的各项资金运动，从而为企业经营管理提供比较系统、完整的会计信息。

三、会计账簿的种类

各单位由于经济业务和经营管理的要求不同，所设置的账簿种类也有所不同。不同类别的账簿可以提供不同的信息，满足不同的需要。为了便于了解和运用账簿，我们从不同的角度对账簿进行分类。

（一）按其用途分类

账簿按其用途分类，一般可分为序时账簿、分类账簿和备查账簿类。

1. 序时账簿

序时账簿也称为日记账，是按照各项经济业务发生或完成的时间先后顺序逐日逐笔进行登记的账簿。序时账簿通常分为两类，普通序时账簿和特种序时账簿两种。

（1）普通序时账簿，即普通日记账，又称分录簿，即把每天发生的各项经济业务逐日逐笔地登记在账簿中。由于普通序时账簿不利于登记分类账和登账的工作量较大，记账手续也烦琐，不能非常清晰地反映各类经济业务的情况，也不便于日后查阅，因此，我国目前很少有单位会设置该种账簿。

（2）特种序时账簿，即特种日记账，是按时间先后顺序专门登记某类经济业务发生情况的账簿。目前在实际工作中，为了加强对货币资金的管理，要求企业必须设立现金日记账、银行存款日记账，即分别把与现金、银行存款收支有关的经济业务序时地登记。各单位可以根据自身的具体情况，结合业务特点及经营管理的需要来确定是否需要设置其他的特种日记账。

2. 分类账簿

分类账簿是按总分类账户和明细分类账户进行登记的账簿，简称分类账。分类账簿是单位的重要资料，反映了单位的资产、负债、所有者权益、成本费用和收入成果等的增减变化情况。分类账簿按其反映内容的详细程度不同，又分为总分类账簿和明细分类账簿。

（1）总分类账簿又称总分类账，简称总账，是根据一级账户设置的、概括反映全部经济业务总体情况的账簿。总分类账簿主要为编制会计报表提供直接的数据资料。

（2）明细分类账簿又称明细分类账，简称明细账，是根据二级账户或明细账户开设的，是对总账的补充，能够详细、具体地反映某一类别账户的具体情况。在实际工作中，每个会计主体可以根据自己的具体情况和经营管理需要为总账账户设置其所属的明细账。

总分类账簿与明细分类账簿之间的关系是统驭、控制与补充说明的关系。总分类账对明细分类账起着统驭的作用，用来核算总括内容，而明细分类账是对总分类账的补充说明，明细分类账是在总分类账下建立的明细记录，用来核算明细内容，它是总分类账核算的基础和前提。总分类账中的总括内容所登记的金额总数，应与其下属的各明细分类账户金额相加之和相等。

3. 备查账簿

备查账簿又称辅助账簿或补充登记账，是对某些在序时账簿和分类账簿中不能记载或记载不全的事项进行补充登记的账簿。设置此类账簿，可以为某些经济业务的经营决策提供必要的参考资料。例如，对应收、应付票据分别用“应收票据备查簿”“应付票据备查簿”进行登记；对经营性租入的固定资产、受托加工的材料分别用“经营性租入固定资产备查簿”“受托加工材料备查簿”进行登记，以备查考。备查账簿没有固定格式，各单位可根据生产经营管理需要自行设置备查账簿。

（二）按其外表形式分类

不同类别的账簿有不同的外表形式，账簿按其外表形式可分为三类：订本式账簿、活页式账簿和卡片式账簿，一般样式如图 6-1 所示。

订本式　　活页式　　卡片式

图 6-1　账簿外表形式

1. 订本式账簿

订本式账簿简称订本账，是指在未启用前就将若干印有一定专门格式的账页固定装订成册的一种账簿。这种账簿由于账页固定，可以防止抽换账页，避免账页散失；同时由于账页固定，不能灵活增减变动账页，在开设账户时必须预留足够账页，否则可能出现某些账户账页不足的情况，但预留过多又会造成浪费。此外，订本式账簿在同一时间只能由一人记账，不能分工同时记账，灵活性较差。适用订本式账簿的有总分类账、库存现金日记账、银行存款日记账等。

2. 活页式账簿

活页式账簿又称活页账，是把一定数量的账页装进账夹内，可以根据需要随时添加空白账页，亦可随时抽取账页。跟订本式账簿相反，活页式账簿使用非常灵活，可以根据实际需要增添账页，不会浪费，且便于分工记账，但是容易发生散失和被抽换现象，因此要注意妥善保管。账页必须按顺序编号。在更换新账后，须将原有所有账页汇总装订成册或予以封扎。明细分类账适用活页式账簿。

3. 卡片式账簿

卡片式账簿又称卡片账，是用卡片做账页，按顺序编号，并置于卡片箱里保管的账簿。卡片式账簿可以随取随放，非常灵活，适用于记录复杂的财产明细账。如固定资产卡片，由于固定资产可以长期保持实物形态不变，且可能经常转移使用部门，卡片式账簿不需要每年更换，可以跨年度使用，卡片跟随实物转移。

总之，企业应将那些比较重要的、容易丢失的账项设置为订本式账簿，次要的项目及不容易丢失的账项采用活页式或卡片式账簿。

（三）按其账页格式分类

账簿按账页格式不同，主要分为：三栏式账簿、多栏式账簿和数量金额式账簿三类。

1. 三栏式账簿

三栏式账簿是指设有借方、贷方和余额三个金额栏目的账簿。三栏式的账簿是最简单的一种格式，适用于只提供金额核算信息、不需要提供数量核算信息的账簿，金额栏最少应当分别设“借方”“贷方”“余额”三个栏次。其他不同的账簿可以看作是三栏式的变形。现金日记账、银行存款日记账，总分类账、往来款明细账等都可以采用三栏式账簿，其格式见表 6-1。

表 6-1　三栏式账簿

本账页数	
本户页数	

会计科目______________　　　　单位：元

年		凭证字号	摘要	页数	借方									贷方									借或贷	余额								
月	日				百	十	万	千	百	十	元	角	分	百	十	万	千	百	十	元	角	分		百	十	万	千	百	十	元	角	分

2. 多栏式账簿

多栏式账簿是指在账簿的两个金额栏目（借方和贷方）按需要分设若干专栏的账簿。该种格式账簿适用于核算项目较多、管理上要求提供核算项目详细信息的账簿，如收入、成本、费用类明细账一般采用这种格式。按照专栏设置的具体位置，多栏式账簿又可以细分为借方多栏式账簿、贷方多栏式账簿和借贷方多栏式账簿三种形式。

（1）借方多栏式账簿是指账簿的借方栏分设若干专栏的多栏式账簿，成本、费用类明细账适用，如生产成本明细账、制造费用及管理费用明细账等，如表 6-2 所示。

表 6-2 制造费用多栏账（借方）

单位：元

年		凭证字号	摘要	借方科目					贷方	余额
月	日							支出合计		

（2）贷方多栏式账簿是指账簿的贷方栏分设若干专栏的多栏式账簿，可以不设“借方”收入明细账适用，如主营业务收入、营业外收入明细账等，如表 6-3 所示。

表 6-3 主营业务收入多栏账（贷方）

单位：元

年		凭证字号	摘要	贷方科目					借方	余额
月	日							收入合计		

（3）借贷方多栏式账簿是指账簿的借方栏和贷方栏分别分设若干专栏的多栏式账簿，如一般纳税人使用的应交增值税明细账，格式如表 6-4 所示。

表 6-4　应交税费——应交增值税明细账（借贷方多栏式）

年		凭证字号	摘要	借　方				贷　方			借或贷	余　额
月	日			合计	进项税额	已交税金	转出未交增值税	合计	销项税额	转出多交增值税额		

3. 数量金额式账簿

数量金额式账簿是指在账簿的借方、贷方和余额三个栏目内都分设数量、单价和金额三个小栏，借以反映财产物资的实物数量和价值量的账簿。这种格式适用于既需要核算金额又需要核算数量信息的账簿，如原材料、产成品、库存商品明细账都采用数量金额式账簿，表 6-5 所示即为库存商品明细账数量金额式账簿。

表 6-5　库存商品明细账（数量金额式）

计量单位：千克

年		凭证字号	摘　要	收　入			支　出			结　余		
月	日			数量	单价/元	金额/元	数量	单价/元	金额/元	数量	单价/元	金额/元

任务二　登记会计账簿

任务描述

本任务的目标是认知会计账簿的启用规则，明确会计账簿的登记规则，掌握现金日记账、银行存款日记账、分类账等不同账簿的基本格式和登记方法。通过本任务的学习，可以熟练登记日记账和总分类账。

登记会计账簿是会计工作的一项重要内容，在登账时必须遵守相应的基本规则，按规定进行登账以保证登记效率和质量。

一、账簿的启用与登记规则

1. 账簿的启用规则

账簿是企业重要的档案资料，为明确经济责任和方便今后审查，在启用新的账簿时应注意遵守以下规则。

（1）启用时，在账簿封面上写明单位名称和账簿名称。

（2）中途更换记账人员时，应办理交接手续。账簿启用表及交接记录如表 6-6 所示。

表 6-6　账簿启用表及交接记录

<table>
<tr><td colspan="3">使用单位</td><td colspan="6"></td><td colspan="4">单位盖章</td></tr>
<tr><td colspan="3">账簿名称</td><td colspan="6"></td><td colspan="4" rowspan="7"></td></tr>
<tr><td colspan="3">账簿编号</td><td colspan="6">总　册　第　册</td></tr>
<tr><td colspan="3">账簿页数</td><td colspan="6">本册账簿自第 1 页起至第　页止　共　页</td></tr>
<tr><td colspan="3">启用日期</td><td colspan="6">年　月　日至　年　月　日</td></tr>
<tr><td rowspan="3">监管人员</td><td colspan="4">主管</td><td colspan="4">记账</td></tr>
<tr><td colspan="2">姓名</td><td colspan="2">盖章</td><td colspan="2">姓名</td><td colspan="2">盖章</td></tr>
<tr><td colspan="2"></td><td colspan="2"></td><td colspan="2"></td><td colspan="2"></td></tr>
<tr><td rowspan="5">交接记录</td><td colspan="3">日期</td><td colspan="2">监交</td><td colspan="3">移交</td><td colspan="4">接管</td></tr>
<tr><td>年</td><td>月</td><td>日</td><td>职务</td><td>姓名</td><td>盖章</td><td>职务</td><td>姓名</td><td>盖章</td><td>职务</td><td>姓名</td><td>盖章</td></tr>
<tr><td></td><td></td><td></td><td></td><td></td><td></td><td></td><td></td><td></td><td></td><td></td><td></td></tr>
<tr><td></td><td></td><td></td><td></td><td></td><td></td><td></td><td></td><td></td><td></td><td></td><td></td></tr>
<tr><td></td><td></td><td></td><td></td><td></td><td></td><td></td><td></td><td></td><td></td><td></td><td></td></tr>
</table>

（3）启用订本式账簿，应当从第一页到最后一页顺序编定页码，不得跳页、缺号；启用活页式账簿，应当按账户顺序编号，并定期装订成册，装订后再按实际使用的账页顺序编订页码。

（4）在第一页前面，附账户名称目录及每个账户在账簿中的起止页数，如表 6-7 所示。

（5）账页上开设账户，填列会计科目。账簿应按会计科目顺序填写科目名称及启用页号。

（6）各账簿应按规定缴纳印花税。需要购买印花税票的，应将印花税票粘贴在账簿启用表扉页的右上角，并在印花税票中间画两条横线以示注销。

表 6-7　账簿目录表

账　簿　目　录　表								
账户名称	账号	总页码	账户名称	账号	总页码	账户名称	账号	总页码

2. 账簿的登记规则

会计人员应当根据审核无误的记账凭证登记会计账簿，为了保证账簿登记的及时、准确和整洁，应注意以下事项。

（1）在登记账簿时，应将记账凭证中的日期、编号、业务内容摘要、金额和其他有关资料逐项登入账内，并做到数字准确、摘要清楚、登记及时、字迹工整。

（2）登记完毕后，要在凭证上签名或者盖章，并在记账凭证的“过账”栏内注明账簿页数或画对勾，表示已经记账完毕，从而避免重记、漏记。

（3）对于账簿中书写的文字和数字，上面要留有适当的空格，不要写满格，一般应占格距的二分之一，以便留有改错的空间。

（4）登记账簿必须使用蓝黑墨水或碳素墨水书写，不得使用圆珠笔（银行的复写账簿除外）或者铅笔书写，保证字体清晰，有利于长期保存，并可防止涂改。在特殊情况下可以使用红墨水记账。例如，按照红字冲账的记账凭证，冲销错误记录；在不设借贷等栏的多栏式账页中，登记减少数；以及会计制度中规定的其他可以用红字登记的会计记录。会计中的红字表示负数，因此除此类特殊情况外，不得用红色墨水登记账簿。

（5）对于那些需要结出余额的账户，结出余额后，应当在借或贷栏目内注明“借”或“贷”字样，以示余额的方向；对于没有余额的账户，应在借或贷栏目内写“平”字，并在余额栏写“0”。现金日记账和银行存款日记账必须逐日结出余额。

（6）账页的第一行填列上年结转、年初余额，并在摘要栏内注明“承前页”字样，账页的最后一行应填列本月发生额合计数和余额，并在摘要栏内注明“过次页”字样，以保持账簿记录的连续性，便于对账和结账。对需要结计本月发生额的账户，结计“过次页”的本页合计数应当为自本月初起至本页末止的发生额合计数；对需要结计本年累计发生额的账户，结计“过次页”的本页合计数应当为自年初起至本页末止的累计数；对既不需要结计本月发生额也不需要结计本年累计发生额的账户，可以只将每页末的余额结转次页。

（7）账簿记录发生错误时，不得挖补、刮擦和随意涂改，应根据具体的错误情况按规定的方法进行更正。

在会计电算化条件下，登账工作可以利用计算机财务软件进行，其主要程序是：一是在手动输入记账凭证后，计算机根据记账凭证自动登记机内账簿；二是把机内会计账簿按年度或按需要输出打印。相对于手工登账，计算机登账可以节省很多工作量。

二、日记账、分类账的登记

（一）日记账的登记

日记账分为普通日记账和特种日记账。我国大多数企业只设置特种日记账。为了逐日反映现金和银行存款的收付情况，加强货币资金管理，各单位应设置的特种日记账有现金日记账和银行存款日记账。通过现金日记账和银行存款日记账分别逐日逐笔记录现金和银行存款的收入、支出和结存情况，有利于及时控制和监督货币资金收支情况。库存现金日记账和银行存款日记账是专门记录货币资金收支情况的特种日记账，必须采用订本式账簿，账页格式可采用三栏式或多栏式。

1. *库存现金日记账的格式和登记方法*

库存现金日记账通常是由出纳人员根据审核后的现金收款、付款凭证逐日逐笔按照经济业务发生的顺序进行登记的。现金日记账可以采用三栏式的格式，即在同一张账页上分别设置“借方”、“贷方”、“余额”或者“收入”、“支出”、“结余”三栏。为了便于反映每笔经济业务的来龙去脉，更方便分析、核对及汇总对应账户的发生额，也可以采用多栏式的格式，但最常用的是三栏式现金日记账。三栏式库存现金日记账格式如表 6-8 所示。

表 6-8 库存现金日记账（三栏式）

年		凭证字号	摘　　要	对方科目	借　　方	贷　　方	余　　额
月	日						

（1）日期栏，登记实际收付现金的具体日期，包括年、月、日。

（2）凭证字号栏，登记现金收付款凭证的种类和编号，如填写为“现收 1 号”（即库存现金收款凭证第 1 号）、“现付 2 号”（即库存现金付款凭证第 2 号）。

（3）摘要栏，用来简要说明经济业务内容。

（4）对方科目栏，登记现金收入的对方科目名称，该栏目作用在于了解经济业务的来龙去脉。

（5）借方（或收入）栏，根据现金收款凭证登记收入的金额，每日终了应计算现金收入金额的合计数。

（6）贷方（或支出）栏，根据现金付款凭证登记支出的金额，每日终了计算现金支出金额的合计数。

（7）余额（或结余）栏，每日终了计算出现金收入与支出合计数，结出余额，并登记。月末同样也要计算现金收、付的合计数和结存余额，做到日清月结。

2. 银行存款日记账的格式和登记方法

银行存款日记账通常是由出纳人员根据审核后的银行收款、付款凭证逐日逐笔按照经济业务发生的顺序进行登记的。如果一个单位开设了多个银行存款账户，则银行存款日记账应该分别设明细账户进行登记，这样方便与银行进行核对，同时也有利于对银行存款的管理。与库存现金日记账类似，银行存款日记账可以采用“借方”、“贷方”、“余额”或者“收入”、“支出”、“结余”三栏式的格式，也可采用多栏式格式，普遍采用的是三栏式，如表 6-9 所示。需要关注的是，当现金存入银行时，由于是以现金付款凭证反映，登记银行存款收入时只能以现金付款凭证为依据。

表 6-9　银行存款日记账

单位：元

2020 年		凭证字号	摘　要	对方科目	收　入	支　出	结　余
月	日						
6	1		期初余额				150 000.00
	1	银付 1	从银行提取现金	库存现金		5 000.00	
	1	银收 1	收入存银行	应收账款	35 000.00		
	1	银付 2	购买材料	在途物资		56 000.00	
	1		本日合计		35 000.00	61 000.00	124 000.00
…	…	…	…	…	…	…	…

每次收付银行存款后，应结出银行存款的余额，每日收付款登记完毕后，计算出账面余额，定期同银行对账单进行核对，随时检查和监督各种款项的收付，以避免出现余额不足导致银行承兑透支等状况出现，从而影响企业诚信等。

企业应当建立货币资金业务的岗位责任制，确保办理货币资金业务的不相容岗位相互分离、制约和监督，因此，负责登记库存现金日记账和银行存款日记账的出纳人员不得再登记其他任何账簿。

（二）分类账的登记

1. 总分类账的登记

总分类账基本上包括了一个单位的所有一级账户，并为每个一级账户预留若干账页。总分类账一般采用三栏式订本式账簿。

总分类账的登记方法有两种，一是采用记账凭证核算形式登账，直接根据记账凭证定期登记（如三天、五天、十天等）；二是采用科目汇总表汇总登账，科目汇总表是根据每月发生的全部记账凭证，按科目进行编制的。

2. 明细分类账的登记

各种明细分类账一般根据记账凭证和相应的原始凭证来登记。

（1）三栏式明细分类账的登记。三栏式明细分类账设有借方、贷方、余额三个金额栏，格式与三栏式总分类账相同。这种明细账只登记金额，适用于"应收账款""其他应收款""应付账款""其他应付款""短期借款""长期借款""实收资本""盈余公积"等只需要进行金额核算的账户。三栏式明细分类账根据记账凭证按顺序进行登记，月末应结计本期借方发生额、贷方发生额和月末余额。

（2）数量金额式明细分类账的登记。数量金额式明细分类账的账页在借方（收入）、贷方（发出）和余额（结存）栏内分别设数量、单价及金额三个栏次，适用于既要反映金额又要反映实物数量的各种财产物资项目的分类核算，如"原材料""库存商品""固定资产"等账户的明细核算。数量金额式明细分类账根据会计凭证进行登记，既登记数量又登记金额。月末结计本月发生额及结存额。表 6-10 所示为原材料数量金额式明细账。

（3）多栏式明细分类账的登记。根据明细账登记的经济业务内容不同，多栏式明细分类账的账页格式又可以分为借方多栏式、贷方多栏式和借方贷方多栏式明细分类账。

① 借方多栏式明细分类账适用于借方需要设置多个明细项目的账户，如"生产成本""制造费用""管理费用""其他业务支出"等成本费用类账户，如表 6-11 所示。

② 贷方多栏式明细分类账适用于贷方需要设置多个明细项目的账户，如"主营业务收入""其他业务收入""营业外收入"等收入类账户，如表 6-12 所示。

③ 借贷方多栏式明细分类账适用于借方、贷方均需要设置多个明细项目的账户，如"本年利润"账户的明细分类账等。

多栏式明细账由会计人员根据审核后的会计凭证逐笔进行登记，逐步结出余额，月终结计本月发生额和月末余额。

表 6-10　原材料数量金额式明细账

材料名称：聚丙烯 PP　　　　计量单位：千克

2020 年		凭证字号	摘要	收入			发出			结存		
月	日			数量	单价/元	金额/元	数量	单价/元	金额/元	数量	单价/元	金额/元
6			1～20 日							19 000.00	0.50	9 500.00
	20	银付 71	购入材料	10 000.00	0.50	5 000.00						
	30	转 22	生产车间领用材料				5 000.00	0.50	2 500.00	24 000.00	0.50	12 000.00

表 6-11　生产成本明细账

产品品种：LED 灯泡　　　　单位：元

2020 年		凭证字号	摘要	借方				贷方	余额
月	日			直接材料	间接材料	制造费用	合计		
6			1～20 日						568 000.00
	30	转 22	结转当月成本	515 000.00			515 000.00		1 083 000.00
		转 23	结转当月成本		60 000.00		60 000.00		1 143 000.00
		转 24	结转当月成本			71 388.00	71 388.00		1 214 388.00
		转 25	结转完工成本					640 000.00	574 388.00
			发生额及余额	515 000.00	60 000.00	71 388.00	646 388.00	640 000.00	574 388.00

表 6-12　营业外收入明细账（多栏式）

单位：元

2020 年		凭证字号	摘要	贷方					借方	余额
月	日			政府补助	资产盘盈	罚款收入	其他	收入合计		
5	6	收 2	收政府项目补助资金	60 000.00				60 000.00		60 000.00
	8	收 6	资产盘盈转入		5 000.00			5 000.00		65 000.00
	20	转 15	罚款取得			200.00		200.00		65 200.00
	31	转 65	结转本月营业外收入						65 200.00	0.00
			本月合计	60 000.00	5 000.00	200.00		65 200.00		0.00

任务三 对账和结账

任务描述

本任务的目标是明确对账的概念与内容，掌握结账的一般程序与方法。通过本任务的学习，可以熟练开展对账与结账工作。

一、对账

对账指的是核对账目，即核对账簿记录，以确保账簿记录的正确、真实、完整。在会计核算工作中，难免会由于粗心或各种原因而发生一些差错，导致账实不符的情况发生，为了保证账簿记录的正确性，就必须开展定期或不定期的对账工作。定期的对账工作一般是在记账之后、结账之前，即在月末进行。对账工作的目的是使账证相符、账账相符和账实相符，保证会计资料准确可靠。

对账的内容包括账证核对、账账核对、账实核对。

1. 账证核对

账证核对就是将各类账簿（现金和银行存款日记账、总分类账、明细分类等）与会计凭证（记账凭证和所附原始凭证）进行核对，如检查会计账簿记录与原始凭证、记账凭证中的凭证字号、内容、金额及记账方向是否一致，是否做到账证相符。这种核对，一般是在日常编制记账凭证和登账过程中的“复核”环节进行。会计期末如果发现有不一致，则应按规定进行核对，查明原因，及时更正。

2. 账账核对

账账核对是在账证核对已完成的基础上，对各种不同账簿之间有关数字进行的核对，核对内容主要包括以下方面。

（1）总分类账与总分类账的核对。总分类账各账户的期初余额、本期借方发生额、本期贷方发生额、期末余额之间存在对应平衡关系，各账户的期末合计数也存在对应平衡关系，即符合会计恒等式“资产=负债+所有者权益”及“有借必有贷，借贷必相等”的记账规则。

（2）总分类账与所属明细分类账的核对。总分类账各账户的借方本期发生额、贷方本期发生额和期末余额与所属明细分类账的借方本期发生额、贷方本期发生额和期末余额之和应核对相符。

（3）总分类账与日记账的核对。总分类账中库存现金和银行存款账户的期末余额应与日记账中库存现金和银行存款账户的期末余额核对相符。

（4）不同部门之间的各类明细分类账的核对。如会计部门财产物资明细分类账的期末数量、金额与财产物资保管和使用部门的有关财产物资明细分类账的数量、金额应核对相符。

3. 账实核对

账实核对是把各种财产物资、债权、债务的账面余额与实存数额进行核对。实际工作中有很多种原因会造成账实不符，一般会结合财产清查的方法进行核查。账实核对的内容主要包括如下几点。

（1）现金日记账的账面余额应与库存现金的实际数每日核对相符。

（2）银行存款日记账的账面余额应与开户行银行对账单核对相符。

（3）各种材料物资明细分类账的账面余额应与实存数量核对相符。

（4）有关债权债务的往来款项明细分类账账面余额应与对方单位债权、债务的账目核对相符。

各种财产物资、债权债务的具体清查方法详见“项目七 财产清查”。

二、结账

结账是指在会计期末将各账户本期发生额、余额结清或结转下期。结账是为了总结某个会计期间经济活动的财务收支状况，据以编制财务会计报表，而对各种账簿的本期发生额和期末余额进行的计算总结。计算各类账簿本期发生额和余额的工作，一般是按月进行的，在月末结账，称为月结；有的账目可能还需要按季度在季末进行结账，称为季结；当年度终了时需要结账，称为年结。

1. 结账的程序

在会计电算化条件下，结账工作可以利用计算机自动进行。结账前，需要先检查“本月记账凭证是否已全部记账”和其他结账条件是否具备（如试算是否平衡），如果不具备结账条件，则不能进行结账。

（1）做好结账前的准备工作。结账前的准备工作主要有如下几点。

① 结账前，要将本期所有经济业务全部登记入账并核对正确，若有遗漏应补记，有错误应按规定方法进行更正。

② 按照权责发生制的要求，应由本期承担的费用和收入，须填制凭证登记入账，否则不能登记入账。

③ 期末结转的账目须按规定进行结转。如期末“制造费用”应按规定进行分摊，结转记入“生产成本”；本期完工产品应由“生产成本”结转至“库存商品”；已经销售出去的产品本期应结转成本。

④ 期末损益类账户应结转至“本年利润”并编制记账凭证。本期实现的收入结转至“本年利润”账户贷方，本期承担的费用结转至“本年利润”账户借方，损益类账户期末无余额。

⑤ 应由本期提取的税金要及时提取。例如，企业所得税按季度申报，在季末时就应注意检查企业所得税是否已经计算提取，是否已记入相应账户。

⑥ 做好对账工作，防止错账、漏账的情况出现，做到账证相符、账账相符和账实相符，以便提供真实可靠的会计数据。

（2）结账时，应当结出每个账户的期末余额。需要结出当月发生额的，应当在摘要栏内注明“本月合计”字样，并在下面画通栏单红线；需要结出当季发生额的，应当在摘要栏内注明“本季合计”字样，并在下面画通栏单红线；需要结出本年累计发生额的，应当在摘要栏内注明“本年累计”字样，并在下面画通栏单红线。12 月末的“本年累计”就是全年累计发生额，全年累计发生额下应当画通栏双红线。

（3）年度终了，要把各账户的余额结转到下一会计年度，并在摘要栏注明“结转下年”字样；在下一会计年度新建有关会计账簿的第一余额栏内填写上年结转的余额，并在摘要栏内注明“上年结转”字样 。结转下年时，既不需要编制记账凭证，也不必将余额再记入本年账户的借方或贷方使本年有余额的账户的余额变为零，而是使有余额的账户的余额如实反映在账户中，以免混淆有余额账户和无余额的账户。

2. 结账的方法

结账时应根据不同账户记录情况采取不同的方法。

（1）不需要按月结计本期发生额的账户在每次记账之后，随时都要结出余额，每月最后一笔余额是月末余额，即月末余额就是本月最后一笔经济业务记录的同一行内余额。月末结账时，只需要在最后一笔经济业务之下画通栏单红线，不需要再次结计余额。

（2）需要按月结计发生额的收入、费用等明细账及库存现金、银行存款日记账，每月结账时，需要在最后一笔经济业务下面画通栏单红线，结出本月发生额和月末余额，并在摘要栏内注明“本月合计”字样，再在下面画通栏单红线。

（3）需要结计本季发生额和本年累计发生额的明细账户，结账时，分别应在“本月合计”行下结出自本季度第一个月开始本月末和年初起至本月末止的累计发生额，登记在月份发生额下面，在摘要栏内分别注明“本季累计”“本年累计”字样，并在下面画通栏单红线。12 月末的“本年累计”就是全年累计发生额，并在下面画通栏双红线。

（4）总账账户只需要结出月末余额。年终结账时，为了全面反映全年各项资金运动情况的全貌，核对项目，要将所有总账账户结出全年发生额和年末余额，并在摘要栏内注明“本年合计”字样，并在下面画通栏双红线。

任务四　更正错账

任务描述

本任务的目标是掌握划线更正法、红字更正法与补充更正法的适用范围与具体操作。通过本任务的学习，能够熟练应用适当的方法进行错账更正。

在记账的过程中，可能会发生各种各样的错误，如多记、漏记、数字颠倒、数字错位、数字记错、科目记错、借贷方向记反等，从而影响会计信息的准确性，应及时找出差错，并予以更正。但是，不能随意更正，不得挖补、刮擦或用化学药水更改字迹，应该根据错误的情况，采用规定的方法更正错账。一般常用的错账更正方法有三种，即划线更正法、红字更正法和补充登记法。

一、划线更正法

划线更正又称红线更正法，是指在结账前，如果发现账簿记录有错误，而其所依据的记账凭证没有错误，即纯属记账时文字或数字的笔误，则应采用划线更正法进行更正。具体更正的步骤如下。

（1）在错误的文字或数字上画一条红色横线注销，但必须使原有字迹仍可被辨认，以备查找。需要注意的是，对于文字差错，可以仅画销差错的文字；而对于数字差错则必须画销全部，不能只画销错误的数字。例如，把数字“9 862.80”误记成“9 682.80”，不能只画销错误数字“86”，而应把整个数字“9 862.80”用红线画销。

（2）用蓝字或黑字将正确的文字或数字填写在画线的同一行的上方位置，并由更正人员在红线尾端盖章，以明确责任。如果是文字差错，在差错处盖章。

【例 6-1】2020 年 6 月 25 日，以现金 623 元购买办公用品，编制的凭证号是 11 号，会计分录为：

借：管理费用　　　　　　　　　　623

　　贷：库存现金　　　　　　　　　　623

会计人员登账时在管理费用明细账上误将 623 登记为 632。采用划线更正法进行更正，在管理费用明细账上错误数字“632”上画一条红线，表示注销，再在红线上方用蓝字或黑字写上正确的数字“623”，并由更正人在红线的尾端盖章，如表 6-13 所示。

表 6-13　管理费用明细账

__________:　　　　　　　　　　　　　　　　单位：元

2020年		凭证字号	摘要	项目				
月	日			办公费	折旧费	工资	…	合计
略	略	略	略	略	略	略	略	略
6	25	11	购买办公用品	~~632~~ 623 李婷				

【例 6-2】本月生产产品领用材料 56 980 元，会计分录为：

借：生产成本　　　　　　　　　　　　56 980

　　贷：原材料　　　　　　　　　　　　　56 980

会计人员登账时误将“生产成本”借方的 56 980 元记入制造费用明细账上。采用划线更正法进行更正，在制造费用明细账登记的文字和数字上画一条红线注销，并由更正人在红线尾端盖章。另外在生产成本明细账中登记 56 980 元。

注意，划线更正法只适用于手工账。对于采用会计电算化的单位，由于财务系统软件可以根据机内凭证自动生成各类账簿，所以不会出现记账凭证正确而账簿登记错误的情况。

二、红字更正法

红字更正法，又称红字冲销法。在会计上，以红字记录表明对原记录的冲减。红字更正法适用于以下两种情况。

（1）根据记账凭证的内容记账后，发现记账凭证中的应借、应贷会计科目或记账方向有错误，且记账凭证同账簿记录的金额相吻合，应采用红字更正法。更正的步骤如下。

① 先用红字（仅指记账凭证中的金额为红字，其余要素均为蓝字或黑字）填制一张与原错误记账凭证内容完全相同的记账凭证，并据以登记入账，并在凭证摘要栏内写明“注销某年某月某日某号凭证”，用以冲销原有错误的账簿记录。

② 再用蓝字或黑字填制一张正确的记账凭证，并据以用蓝字或黑字登记入账。

【例 6-3】2020 年 3 月 2 日，以银行存款支付银行利息费用 900 元，在填制记账凭证时误记入“库存现金”科目，并据以登记入账，其记录的错误记账凭证如表 6-14 所示。

表 6-14　付款凭证

付　款　凭　证

J2式

贷方科目：库存现金　　　　2020 年 3 月 2 日　　　　付 字第 19 号

摘　要	借方科目		金额											记账√
	总账科目	明细科目	亿	千	百	十	万	千	百	十	元	角	分	
支付银行利息	应付利息								9	0	0	0	0	
合　计									9	0	0	0	0	

附单据 2 张

财务主管：李四　　记账：刘五　　出纳：蓝天　　审核：肖婷婷　　制证：胡媚媚

该项分录应贷记“银行存款”科目。本月检查时发现其错误，在更正时，应用红字金额编制，表 6-15 所示记账凭证进行更正。

以红字记账更正后，表明已全部冲销原有的错误记录，然后用蓝字或黑字填制如表 6-16 所示记账凭证，并据以登记入账。

表 6-15　付款凭证

付　款　凭　证

J2式

贷方科目：库存现金　　2020 年 3 月 20日　　付 字第 30 号

摘要	借方科目		金额											记账
	总账科目	明细科目	亿	千	百	十	万	千	百	十	元	角	分	√
注销2020年3月2日付19号凭证	应付利息								9	0	0	0	0	
	合计								9	0	0	0	0	

附单据　张

财务主管：李四　　记账：刘五　　出纳：蓝天　　审核：肖婷婷　　制证：胡媚媚

表 6-16　付款凭证

付　款　凭　证

J2式

贷方科目：银行存款　　2020 年 3 月 20日　　付 字第 31 号

摘要	借方科目		金额											记账
	总账科目	明细科目	亿	千	百	十	万	千	百	十	元	角	分	√
支付银行利息	应付利息								9	0	0	0	0	
	合计								9	0	0	0	0	

附单据　张

财务主管：李四　　记账：刘五　　出纳：蓝天　　审核：肖婷婷　　制证：胡媚媚

（2）根据记账凭证所记录的内容记账后，发现记账凭证中应借、应贷的会计科目和记账方向都没有错误，记账凭证和账簿记录的金额也吻合，只是所记金额大于应记的正确金额，应采用红字更正法。

具体的更正方法只需要一个步骤，即将多记的金额用红字（仅指记账凭证中的金额为红字，其余要素均为蓝字）填制一张与原错误记账凭证所记载的借贷方向、应借应贷会计科目相同的记账凭证，并在凭证“摘要”栏内写明“冲销某年某月某日某号凭证多记金额”，并据以登记入账，以冲销多记金额，求得正确金额。

【例 6-4】2020 年 6 月 13 日，生产部门领用材料 75 960 元生产产品，在填制记账凭证时，误记金额为 79 560 元，但会计科目、借贷方向均无错误，其错误记账凭证如表 6-17 所示。

表 6-17　转账凭证

转　账　凭　证

转字第 6 号

J3a式　　2020 年 6 月 13 日

摘　要	会计科目		借方金额											贷方金额											记账√
	总账科目	明细科目	亿	千	百	十	万	千	百	十	元	角	分	亿	千	百	十	万	千	百	十	元	角	分	
领用甲材料生产A产品	生产成本	A产品					7	9	5	6	0	0	0												
	原材料	甲材料																7	9	5	6	0	0	0	
合　计							7	9	5	6	0	0	0					7	9	5	6	0	0	0	

附单据 3 张

财务主管：林玲　记账：张小六　审核：王灿　制证：李玉

本月检查发现该错误，采用红字更正法进行更正，应用红字金额 3 600 元编制如表 6-18 所示记账凭证进行更正。

表 6-18　转账凭证

转　账　凭　证

转字第 15 号

J3a式　　2020 年 6 月 23 日

摘　要	会计科目		借方金额											贷方金额											记账√
	总账科目	明细科目	亿	千	百	十	万	千	百	十	元	角	分	亿	千	百	十	万	千	百	十	元	角	分	
冲销2020年6月13日转字6号凭证多记金额	生产成本	A产品						3	6	0	0	0	0												
	原材料	甲材料																	3	6	0	0	0	0	
合　计								3	6	0	0	0	0						3	6	0	0	0	0	

附单据　张

财务主管：林玲　记账：张小六　审核：王灿　制证：李玉

更正后，即可反映其正确金额为 75 960 元。

三、补充登记法

补充登记法是指根据记账凭证所记录的内容记账后，发现记账凭证中应借、应贷的会计科目和记账方向都没有错误，记账凭证和账簿记录的金额也吻合，只是所记金额小于应记的正确金额，应采用补充登记法。

具体的更正方法只需要一个步骤，即将少记的金额用蓝字或黑字填制一张与原错误记账凭证所记载的借贷方向、应借应贷会计科目相同的记账凭证，并在凭证的“摘要”栏内注明“补记某年某月某日某号凭证少记金额”，并据以登记入账，以补足少记金额，求得正确金额。

【例 6-5】2020 年 9 月 9 日，以银行存款支付销售费用 9 700 元，在填制记账凭证时，误记金额为 970 元，会计科目、借贷方向均无错误，其错误记账凭证如表 6-19 所示。

表 6-19　付款凭证

付　款　凭　证

J2式　　　　　　　　　　　　　　　　　　　　　付 字第 13 号

贷方科目：银行存款　　　　2020 年 9 月 19 日

摘　要	借方科目		金　额											记账√
	总账科目	明细科目	亿	千	百	十	万	千	百	十	元	角	分	
支付销售广告费	销售费用	广告费							9	7	0	0	0	
	合　计								9	7	0	0	0	

附单据 3 张

财务主管：李四　　记账：刘五　　出纳：蓝天　　审核：肖婷婷　　制证：胡媚媚

本月检查时发现该错误，采用补充登记法进行更正，应用蓝字或黑字编制如表 6-20 所示记账凭证进行更正。

表 6-20　付款凭证

付　款　凭　证

J2式　　　　　　　　　　　　　　　　　　　　　付 字第 33 号

贷方科目：银行存款　　　　2020 年 9 月 19 日

摘　要	借方科目		金　额											记账√
	总账科目	明细科目	亿	千	百	十	万	千	百	十	元	角	分	
补记2020年9月9日付字第13号凭证少记金额	销售费用	广告费						8	7	3	0	0	0	
	合　计							8	7	3	0	0	0	

附单据　张

财务主管：李四　　记账：刘五　　出纳：蓝天　　审核：肖婷婷　　制证：胡媚媚

错误的记账凭证以蓝字或黑字记账更正后，补足了金额，即可反映其正确金额9 700元。

【知识巩固】

一、单选题

1．总分类账簿是按照（　　）设置的，可以总括反映资产、负债、所有者权益、费用成本和收入成果的情况。

A．一级账户　　B．明细账户　　C．二级账户　　D．全部账户

2．在结账前，如果发现账簿记录有错误，而其所依据的记账凭证没有错误，适合采用的错账更正方法是（　　）。

A．红字更正法　　B．划线更正法　　C．红字冲销法　　D．补充登记法

3．以下账簿需要逐日逐笔进行登记的是（　　）。

A．备查账　　B．明细账　　C．总账　　D．序时账

4．以下适合采用数量金额式明细账的项目是（　　）。

A．固定资产　　B．实收资本　　C．库存商品　　D．管理费用

5．库存现金、银行存款日记账通常是由以下哪类人员进行登记？（　　）

A．会计员　　B．经办人员　　C．出纳人员　　D．财务主管

6．在新的会计年度，企业应更换账簿，但以下不需要更换新账的是（　　）。

A．原材料总分类账　　B．固定资产卡片

C．库存现金日记账　　D．实收资本明细账

7．设置和登记账簿是会计核算的一种专门方法，是编制（　　）的基础。

A．财务报表　　B．会计凭证　　C．原始凭证　　D．财产清查报告

8．年终结账时，要将所有总账账户结出全年发生额和年末余额，在摘要栏内注明（　　）字样。

A．“本日合计”　　B．“本月合计”　　C．“本季合计”　　D．“本年合计”

9．一家单位对其受托加工的材料设置了“受托加工材料登记账簿”，该账簿属于（　　）。

A．明细账　　B．备查账　　C．序时账　　D．总账

10．企业应在结账前及时进行对账工作，以下属于账证核对内容的是（　　）。

A．明细账与会计凭证的核对　　B．明细账与总账之间的核对

C．各明细账之间的核对　　D．明细账与报表之间的核对

二、多选题

1．对账指的是定期地对各种账簿记录进行核对，做到（　　），以保证账簿记录的

真实性和正确性。

A．账证相符　　B．账账相符　　C．账实相符　　D．账表相符

2．账簿按账页格式通常可以分为（　　）。

A．三栏式账簿　　B．数量金额式账簿

C．订本式账簿　　D．多栏式账簿

3．账簿按用途可分为（　　）。

A．序时账簿　　B．分类账簿　　C．备查账簿　　D．卡片式账簿

4．在记账的过程中，可能会发生各种各样的错误，一般来说，常用的错账更正方法有（　　）。

A．直接更正法　　B．划线更正法　　C．红字更正法　　D．补充登记法

5．补充登记法的适用范围包括（　　）。

A．记账凭证中应借、应贷的会计科目和记账方向都没有错误

B．记账凭证和账簿记录的金额相吻合

C．所记金额小于应记的正确金额

D．所记金额大于应记的正确金额

6．以下关于更正错账的说法中，正确的是（　　）。

A．记账中，可能会发生一些科目多记、漏记数字的错误

B．应及时找出差错，并予以更正

C．错账可以用涂改液进行涂改更正

D．错账会影响会计信息的准确性

7．以下项目中适用订本式账簿的是（　　）。

A．总分类账　　B．序时账　　C．备查账　　D．卡片式账簿

8．登记会计账簿时，应将记账凭证中的（　　）和其他有关资料逐项登入账内，并做到数字准确、摘要清楚、登记及时、字迹工整。

A．日期　　B．编号　　C．业务内容摘要　　D．金额

9．以下项目中适用多栏式账簿的是（　　）。

A．生产成本　　B．管理费用　　C．应付账款　　D．制造费用

10．以下项目中适用三栏式明细账的是（　　）。

A．“预收账款”明细账　　B．“应付账款”明细账

C．“应收账款”明细账　　D．“制造费用”明细账

三、判断题

1．“库存商品”账户的明细核算通常采用三栏式明细账。（　　）

2．在使用划线更正法进行错账更正的时候，不管是对文字差错还是数字差错，都可以只画销错误部分，再进行修改。（　　）

3．总分类账一般采用三栏式订本账。（　　）

4．对于账簿中书写的文字和数字，应该要写满格。（　　）

5．账户结出余额后，应当在借或贷栏目内注明“借”或“贷”字样，以示余额的方向，现金日记账和银行存款日记账可以不用逐日结出余额。（　　）

四、业务题

目的：练习错账更正方法。

资料：发达公司某年5月在登账后发现有如下错账：

（1）5月11日，以现金865元购买办公用品，编制的会计分录如下，并据以入账。

借：管理费用　　856

　　贷：库存现金　　856

（2）5月18日，收回货款3 000元，已存入银行存款，编制的会计分录如下，并据以入账。

借：银行存款　　30 000

　　贷：应收账款　　30 000

（3）5月19日，以银行存款支付销售广告费25 800元，编制的会计分录如下，并据以入账。

借：制造费用　　25 800

　　贷：银行存款　　25 800

（4）5月23日，生产车间生产产品领用原材料5 600元，编制的会计分录如下：

借：生产成本　　5 600

　　贷：原材料　　5 600

登记明细账时贷方科目误登入“库存商品”账户中。

（5）5月26日，收到投资者转来投资款78 000元，已存入银行，编制的会计分录如下，并据以入账。

借：银行存款　　87 000

　　贷：实收资本　　87 000

（6）5月30日，计提本月管理部门固定资产折旧9 800元，编制的会计分录如下，并据以入账。

借：销售费用　　9 800

　　贷：累计折旧　　9 800

要求：根据上述资料，说明应采用何种错账更正方法，并进行更正。

五、练习登记账簿

目的：练习银行存款日记账和总账的登记方法。

资料：发达公司2020年3月初“银行存款”借方余额65 000元，3月发生以下经济业务：

（1）3 月 5 日，从银行提取现金 5 000 元，作为备用金。

（2）3 月 8 日，向银行借入三个月期限的借款 50 000 元，存入银行存款户。

（3）3 月 15 日，以银行存款偿还前欠货款 10 000 元。

（4）3 月 20 日，销售商品 50 件，单价为 600 元，货款已收，存入银行。

（5）3 月 21 日，以银行存款偿还到期的短期借款 80 000 元。

（6）3 月 26 日，从南方公司购入材料 4 000 元，以银行存款支付 3 000 元，其余暂欠。

（7）3 月 30 日，以银行存款支付销售广告费 8 000 元。

要求：

1．根据经济业务编制会计分录，并进行编号。

2．设置“银行存款日记账”和“银行存款总账账户”，登记并计算发生额和余额。

（题目所需要的表单可通过扫右侧二维码“银行存款日记账账页”获取）

银行存款日记账账页

项目七

财产清查

学习目标

1. 了解财产清查的意义和种类
2. 理解财产清查的范围
3. 掌握财产清查的方法及清查结果的账务处理
4. 能编制银行存款余额调节表、实存账存对比表

任务一　了解财产清查

任务描述

本任务的目标是认识财产清查是对企业的各类财产物资进行清查核对的一项重要会计核算工作。通过本任务的学习，了解财产清查的含义及其意义，在对财产清查分类了解的基础之上，熟悉财产清查的范围和前期准备工作。

一、财产清查的概念和意义

「微课」

财产清查认知

1. 财产清查的概念

财产清查，就是通过对货币资金、存货、固定资产、债权、债务、有价证券等的盘点或核对，确认其实有数，核对其实有数与账存数是否相符，并查明账实不符的原因的一种会计核算方法。

2. 财产清查的原因

实际工作中，由于人为和自然的因素，企业财产物资的账面数和实存数往往存在不一致。导致这一状况的主要原因有以下几点。

（1）在收发各项财产物资时，由于计量不准确，导致其数量或质量上出现差错。

（2）在财产物资的保管过程中，发生自然损耗。

（3）在管理和核算方面，由于手续不健全或制度上不严密，发生了计算上或登记上的错误。

（4）由于管理不善或工作人员失职而造成了财产物资的毁损和短缺。

（5）由于不法分子的贪污盗窃行为而发生了财产物资的损失。

（6）在结算过程中，由于未达账项等原因而造成单位之间的账目不符。

基于以上原因，有必要开展财产清查，查明各种财产物资的实有数与账存数不符的原因，以加强内部管理控制。

3. 财产清查的意义

为充分发挥会计的监督作用，确保会计账簿记录的真实、准确，需要对企业的各项财产物资开展清查。

（1）确保账实相符，使会计资料真实可靠。通过财产清查可以确定各项财产物资的实际结存数，将账面结存数和实际结存数进行核对，可以揭示各项财产物资的溢缺情况，从而及时地调整账面结存数，保证账簿记录真实、可靠。

（2）改进保管工作，保护财产安全。通过财产清查，可以发现各项财产物资是否安全完整，有无短缺、毁损、霉变、变质，有无贪污盗窃等情况。对发现的情况应查找原因，及时进行处理，并制定各项措施，防止类似情况重复发生。对于管理制度不善所造成的问题，应及时修订和完善管理制度；对于贪污盗窃等不法行为，应给予法律制裁。

（3）挖掘财产潜力，加速资金周转。通过财产清查可以及时发现各种财产物资的结存和利用情况，提出加强管理的建议。如发现企业有闲置不用的财产物资应及时加以处理，并分析原因，采取措施，改善经营管理。这样，才能使财产物资得到充分合理的利用，加速资金周转，提高企业的经济效益。

二、财产清查的种类

（一）按清查的范围分类

按清查范围的不同，财产清查可以分为全面清查和局部清查。

1. 全面清查

全面清查是指对单位的所有财产物资进行全面的、彻底的清点和核对。就工业企业而言，全面清查的对象一般包括各种存货、各种固定资产、货币资金、往来款项等。一般在以下几种情况下进行全面清查。

（1）年终决算前，需要进行一次全面清查。

（2）企业关、停、并、转或改变隶属关系，需要进行全面清查。

（3）中外合资，国内联营，企业改组、改制、兼并等，需要进行全面清查。

（4）开展清产核资，需要进行全面清查。

（5）单位主要负责人调离工作，需要进行全面清查。

2. 局部清查

局部清查是指对单位的部分财产物资所进行的清查。局部清查的主要对象是库存现金、材料、在产品和产成品等流动性较大的财产。一般情况下，需要对库存现金每日盘点一次；对银行存款每月同银行核对一次；对材料、在产品和产成品等存货除年度清查外，还应有计划地重点抽查；对贵重的财产物资，应每月清查盘点一次；对债权债务，在一个会计年度内应至少核对一至两次。

（二）按清查的时间分类

按清查时间的不同，财产清查可以分为定期清查和不定期清查。

1. 定期清查

定期清查是指按规定或预先计划安排的时间对财产物资所进行的清查。清查的时间一般是在年末、季末或月末结账前，定期清查可以是全面清查也可以是局部清查。

2. 不定期清查

不定期清查是指不规定清查时间，而是根据需要所进行的临时性清查。不定期清查可以是全面清查也可以是局部清查。如更换仓库保管员时，应对其所保管的财产物资进行清查；更换出纳员时，应对库存现金、银行存款进行清查；发生非常损失时，应对受损失的财产物资进行清查等。

（三）按清查的组织分类

按清查组织的不同，财产清查可以分为内部清查和外部清查。

1. 内部清查

内部清查即企业自行组织的清查，一般在月末、年末结账时，或者更换保管人员或现金出纳时进行。

2. 外部清查

外部清查即由上级主管部门、财税机关、审计机关、会计事务所、保险公司、检察院等组织的对本企业的财产清查。企业应协助有关部门对其进行清查。

三、财产清查的范围

财产清查的范围相当广，既包括本单位全部资产和权益，也包括法定所有权不属于本单位，但存放在本单位的财产物资。

（1）货币资金的清查，主要是对库存现金和银行存款的清查。

（2）各种存货的清查，主要是对原材料、周转材料、库存商品、在产品、半成品等的清查。

（3）固定资产的清查，主要是对机器设备、厂房、建筑物资等的清查。

（4）特殊财产物资的清查，主要是对委托加工物资、租赁固定资产、作为包装物核算的固定资产的清查。

（5）债权债务的清查，主要是对应收款项、应付款项、预付款项、预收款项等往来款项的清查。

四、财产清查前的准备工作

财产清查是一项非常复杂、细致的工作，尤其是全面清查，工作量大，涉及范围很广。为了使财产清查工作能够有组织、有步骤和有秩序地顺利进行，最终达到预期的目的，各单位必须做好财产清查前的准备工作，并选用适当的程序与方法。

（1）成立财产清查领导小组。在企业单位负责人的领导下，成立由财务部门牵头，由技术、生产、行政等有关部门人员组成的财产清查领导小组。其任务是，制定财产清查计划，确定财产清查的范围和进度，调配工作人员，确定清查方法，研究解决清查过程中出现的问题，提出清查结果的处理意见，出具财产清查报告。

（2）检查和记清账目。会计人员应在财产清查前，将截至清查日的全部有关业务登记入账，结出余额，并将总分类账与有关明细分类账的余额进行核对，保证账簿记录完整、计算准确、账证相符、账账相符，使之可以作为账实核对的可靠依据。

（3）分类整理物资。财产物资的保管人员应将截至清查日的全部相关业务办理好相关手续，并登记入账，并结出余额；对各项实物应分类整理清楚，排列整齐，标明品种、规格和结存数量，凡残损变质的物品应另行堆放，以便处理。

（4）准备好量器。对各种必要的度量衡器具进行检查和校正，以保证计量的准确性。

（5）准备对账表单。取得银行存款、银行借款和结算款项的对账单及债权、债务的函证材料；准备好各种清查使用的表册，如盘点表、账存实存对比表等。

任务二　库存现金与银行存款的清查

任务描述

本任务的目标是明确企业库存现金清查采用实地盘点法，银行存款清查采用与银行核对账目的方法。通过本任务的学习，可以清楚库存现金清查的具体步骤与注意事项，同时，能正确判断未达账款，熟练填制银行存款余额调节表。

一、库存现金的清查

库存现金的清查主要是采用实地盘点的方法。首先应确定库存现金的实存数，然后再与现金日记账的账面余额进行核对，以查明账实是否相符，其清查程序如图 7-1 所示。

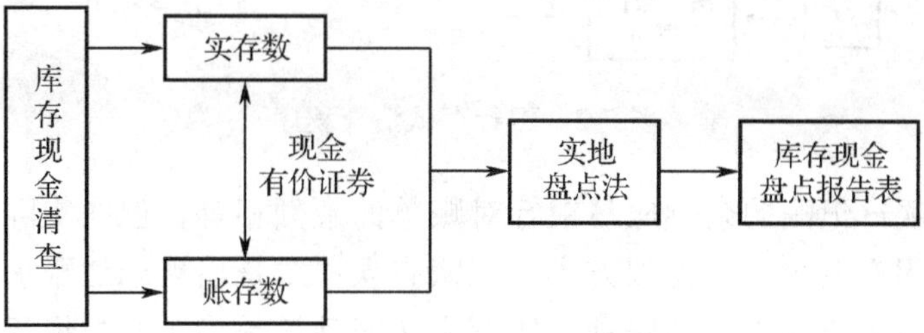

图 7-1　库存现金清查程序

在库存现金清查时，出纳员要保证到场，以明确经济责任。在清查过程中，应注意是否遵守现金管理制度规定，是否存在用不具有法律效力的借条、收据、白条抵充现金等情况。盘点以后，应根据盘点的结果，填制“库存现金盘点报告表”，此表也是重要的原始凭证，它既起着“盘存单”的作用，又起着“实存账存对比表”的作用。需要注意的是，此表必须由盘点人和出纳员共同签章才能生效。“库存现金盘点报告表”的格式如表 7-1 所示。

表 7-1　库存现金盘点报告表

单位名称：　　　　　　　　　　　　年　月　日

实存金额	账存金额	对比结果		备注
		盘盈	盘亏	

盘点人签字：　　　　　　　　　　　　出纳员签字：

二、银行存款的清查

银行存款的清查主要是采用与银行核对账目的方法，将本单位的银行存款日记账与开户银行对账单进行逐笔核对，以查明账实是否相符，其清查程序如图 7-2 所示。

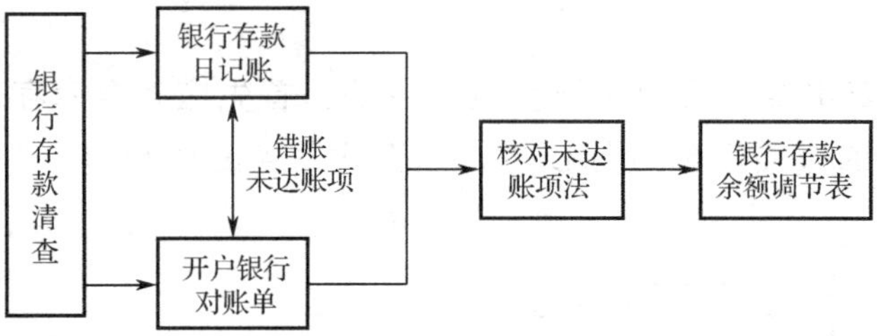

图 7-2　银行存款清查程序

企业银行存款日记账的余额应与银行对账单的余额相等，但在实际工作中，两者往往不一致。其原因有两个：一是双方本身记账有误；二是出现未达账项。在查明双方记账无误后，企业应重点审查未达账项。所谓未达账项，是指企业与银行之间，由于结算凭证传递的时间不同，现出了一方已经登记入账，而另一方尚未接到有关结算凭证，而未登记入账的款项。

【即学即思】为什么会产生未达账项？未达账项是错账吗？

未达账项一般有以下 4 种情况，如表 7-2 所示。

表 7-2　未达账项表

序　号	存在情况	影响结果
1	银行已收款入账，而企业尚未收款入账	企业银行存款日记账余额小于银行对账单余额
2	银行已付款入账，而企业尚未付款入账	企业银行存款日记账余额大于银行对账单余额
3	企业已收款入账，而银行尚未收款入账	企业银行存款日记账余额大于银行对账单余额
4	企业已付款入账，而银行尚未付款入账	企业银行存款日记账余额小于银行对账单余额

（1）银行已收款入账，而企业尚未收款入账。例如，购货方电汇货款，银行已收款入账，而企业月末尚未收到收款通知，因而未入账。

（2）银行已付款入账，而企业尚未付款入账。例如，银行在季末已将短期贷款利息划出，已付款入账，而企业月末尚未收到付款通知，而未付款入账。

（3）企业已收款入账，而银行尚未收款入账。例如，企业销售产品收到转账支票一张，企业以进账单的回单联登记收款入账，而银行要等到收妥款后方能记账，此时，银行尚未收款入账。

（4）企业已付款入账，而银行尚未付款入账。例如，企业开出一张转账支票，支付购料款，企业可根据有关凭证登记付款入账，而此时银行尚未接到支付款项的凭证，因而尚未登记付款入账。

以上 4 种未达账项中第（1）和（4）种情况属于企业银行存款日记账余额小于银行对账单余额，第（2）和（3）种情况属于企业银行存款余额大于银行对账单余额。存在任何一种未达账项，都需要采用一定的方法进行调整。这种方法一般是通过银行存款余额调节表进行的。在银行存款日记账余额和银行对账单余额的基础上，分别加减未达账项，调整后双方的余额应该相等，并且是企业当时实际可以动用的款项。其计算公式如下：

企业银行存款日记账余额+银行已收企业未收款项-银行已付企业未付款项=银行对账单余额+企业已收银行未收款项-企业已付银行未付款项

现举例说明“银行存款余额调节表”的具体编制方法。

【例 7-1】光华公司 2020 年 6 月 25 日至 30 日“银行存款日记账”和银行提供的“对账单”如表 7-3 和表 7-4 所示。

表 7-3 银行存款日记账

存款种类：基本存款户　　　　第××页

单位：元

2020 年		凭证		摘　要	结算凭证		收　入	支　出	借或贷	结　余	√
月	日	字	号		字	号					
6	25	银收	8	销售产品	托收	4333	20 000		借	150 000	
	25	银付	11	采购 A 材料	转支	5170		24 000	借	126 000	
	26	银付	12	采购运费	转支	5171		1 000	借	125 000	
	27	银付	13	提现	现支	4293		20 180	借	104 820	
	27	银付	14	支付办公费	转支	5172		720	借	104 100	
	28	银收	9	收前欠货款	电汇		11 200		借	115 300	
	29	银收	10	销售产品	转支	6688	21 600		借	136 900	
	30	银付	15	付保险费	现支	4294		8 400	借	128 500	

表 7-4　银行对账单

户名：光华公司　　　　账号：0011233

单位：元

2020 年		结算凭证			收　入	支　出	结　余	√
月	日	现金支票	转账支票	其　他				
6	24			托收	20 000		150 000	
	25		5170			24 000	126 000	
	26		5171			1 000	125 000	
	27	4293				20 180	104 820	
	27		5172			720	104 100	
	28			托收	37 000		141 100	
	28			电汇	11 200		152 300	
	30			托收		14 500	137 800	

该企业“银行存款日记账”期末余额为 128 500 元，银行对账单上余额为 137 800 元。经逐笔核对，查明有以下未达账项：

（1）该企业销售乙种产品收到货款 21 600 元（转账支票），银行尚未收到单据，没有入账。

（2）该企业支付保险费 8 400 元（现金支票），银行尚未收到单据，没有入账。

（3）银行代企业收到嘉华公司款项 37 000 元，已划入企业存款账，企业尚未收到有关凭证，没有入账。

（4）银行代企业支付水电费 14 500 元，已从企业存款账划出，企业尚未收到有关凭证，没有入账。

根据上述资料，编制“银行存款余额调节表”，如表 7-5 所示。

表 7-5　银行存款余额调节表

2020 年 6 月 30 日　　　　单位：元

项　目	金　额	项　目	金　额
企业银行存款日记账余额	128 500	银行对账单余额	137 800
加：银行已收企业未收款项	37 000	加：企业已收银行未收款项	21 600
减：银行已付企业未付款项	14 500	减：企业已付银行未付款项	8 400
调节后的存款余额	151 000	调节后的存款余额	151 000

重要提示：经过银行存款余额调节表调节后，如果双方的余额相等，则表明双方记账基本正确，而这个相等的金额表示企业可动用的银行存款实有数；若不符，则表示本单位及开户银行的一方或双方存在记账错误，应进一步查明原因，采用正确的方法进行更正。

企业不应该也不需要根据调节的余额调整银行存款日记账的余额，银行存款余额调节表不能作为记账的原始依据。对于银行已入账而企业尚未入账的未达账项，企业应在收到有关结算凭证后再进行有关账务处理。

「微课」

银行存款余额调节表的填制

【即学即练】

思远公司 2020 年 9 月 30 日银行存款日记账账面余额为 415 140 元；银行对账单余额为 431 712 元。经查，发现有以下未达账项：

（1）9 月 28 日，企业送存银行一张转账支票，金额 10 904 元，银行尚未入账；

（2）9 月 29 日，企业付款开出一张转账支票，金额 6 540 元，银行尚未入账；

（3）9 月 30 日，企业委托银行收取的华夏公司贷款 32 712 元，银行已入账，企业尚未接到收款通知。

（4）9 月 30 日，支付水电费 117 76 元，银行已经入账，企业尚未接到付款通知。

要求：

1. 根据以上未达账项，编制银行存款余额调节表。
2. 请说明针对查出的未达账项在会计上应如何处理。

任务三　存货、固定资产、往来款项的清查

任务描述

本任务的目标是了解实物清查主要包括存货与固定资产清查，采用的方法有实地盘点法、技术推算法等；了解往来款项清查，采用的方法是询证核对法。通过本任务的学习，能恰当地针对不同财产物资开展清查工作。

一、存货的清查

存货的清查主要是对原材料、委托加工物资、在产品、产成品、库存商品等实物资产的清查。存货的清查一般采用实地盘点法，其清查程序如图 7-3 所示。

存货的清查程序和方法如下所述。

（1）进行实地盘点。实地盘点就是到现场，通过点数、过秤等方法来确定存货的实存数量。对体积大或大堆存放的存货，也可以采用技术推算法来确定其实存数量。在盘点过程中，为了明确经济责任，存货保管员必须在场，并参加盘点工作。

（2）登记盘存单。存货盘点后，应将盘点的结果如实地登记在“盘存单”上，由盘

点人和实物保管人签字或盖章。“盘存单”是记录各项存货实存数量盘点的书面证明，也是财产清查工作的原始凭证之一。“盘存单”中所列的实物编号、名称、单位数量和单价等必须与账面记录保持一致，以便进行账实核对。“盘存单”的一般格式如表 7-6 所示。

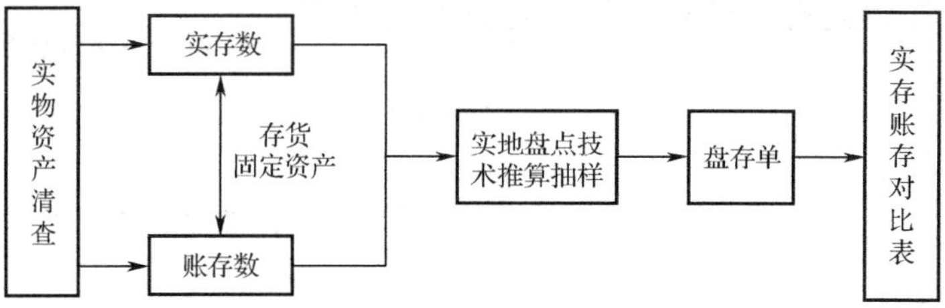

图 7-3　实物资产清查程序

表 7-6　盘存单

单位名称：　　　　　　　　　　　　　　　　　　　　　　　　存放地点：

财产类别：　　　　　　　　　　　　年　　月　　日　　　　　编号：

编　　号	名　　称	单　位	数　　量	单价/元	金额/元	备　　注

盘点人签字或盖章：　　　　　　　　　　　　　　　　　实物保管人签字或盖章：

（3）编制实存账存对比表。为了进一步查明实存数与账存数是否一致，在盘点出各种实物的实存数后，会计人员应根据盘存单和账簿记录编制“实存账存比对表”，以分析实存数和账存数之间的差异，明确经济责任。此表是调整账簿记录的原始凭证，其一般格式如表 7-7 所示。

表 7-7　实存账存对比表

单位名称：　　　　　　　　　　　　年　　月　　日

编号	名称规格	计量单位	单价/元	实存		账存		对比结果				备注
								盘盈		盘亏		
				数量	金额/元	数量	金额/元	数量	金额/元	数量	金额/元	

复核人：　　　　　　　　　　　　　　　　编制人：

表内的“实存”栏的数量和金额，应根据盘存单记录填列；“账存”栏的数量和金额，应根据各种存货明细账的余额填列。实存数大于账存数，填列在“盘盈”栏内；反之，实存小于账存数，填列在“盘亏”栏内。其盘盈、盘亏的原因则在“备注”栏内注明。

二、固定资产的清查

固定资产的清查同存货的清查一样，一般采用实地盘点法。进行固定资产盘点时，其保管人员必须在场。对各项固定资产盘点的结果，应逐一、如实地登记在“盘存单”上，并由参加盘点的有关人员和保管人员同时签章生效。盘点完毕，将“盘存单”中所记录的实存数和账存数余额进行对比，填列“实存账存对比表”，当发现某些固定资产账实不符时，应确定财产盘亏或盘盈的数额。

三、往来款项的清查

往来款项清查指对应收、应付款等的清查，主要是采用询证核对法进行，即采取和对方单位核对账目的方法进行清查。应首先自查，确认本单位的账簿记录准确无误后，再编制“往来款项对账单（询征函）”，送往对方单位进行核对。其清查程序如图 7-4 所示。

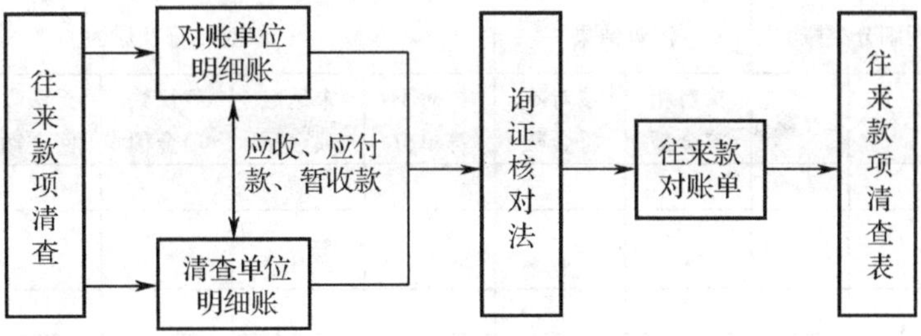

图 7-4　往来款项清查程序

“询征函”一式两联，其中一联作为回单联，对方单位核对相符后，在回单联上加盖公章退回，表示已核对。如发现数额不符，则在回单联上注明不符情况，或另抄对账单退回，以便进一步核对。如有未达账项，需要双方进行调节（调节方法与银行存款余额调节方法相同）。“往来款项对账单”的格式如图 7-5 所示。

应收、应付款项清查以后，应根据清查的结果编制“往来款项清查表”，填列各项债权债务的余额。“往来款项清查表”的一般格式见表 7-8 所示。

往来款项对账单（询征函）

单位：

你单位 2020 年 8 月 20 日到我厂购入甲产品 200 件，已付货款 2 000 元，尚有 1 000 元货款未付，请核对后将回单联寄回。

××单位（盖章）

2020 年 12 月 23 日

沿此虚线裁开，将以下回单联寄回！

往来款项对账单（回单联）

单位：

你单位寄来的“往来款项对账单”已收到，经核对相符无误。

××单位（盖章）

2020 年 12 月 31 日

图 7-5　往来款项对账单格式

表 7-8　往来款项清查表

记账人员签章：　　　　清查人员签章：　　　　单位：

总分类账户		明细分类账户		清查结果		核对不符及原因					备注
名称	金额	名称	金额	核对相符金额	核对不符金额	核对不符单位	未达账项金额	争议款项金额	无法收回金额	其他	

【即学即思】财产清查中取得或填制的原始凭证有哪些？其有何作用？

任务四　财产清查结果的处理

任务描述

本任务的目标是学习财产清查结果的处理步骤，掌握“待处理财产损溢”账户的使用。通过本任务的学习，可以熟练地、正确地开展财产清查批准前、批准后的账务处理。

一、财产清查结果的处理步骤

对财产清查的结果，必须按照国家有关的会计法规、财务制度，严肃认真地进行处理。其处理步骤如下所述。

（1）核准数字，查明各种差异的性质和原因，确定处理方法。根据财产清查的情况，编制全部财产清查结果的“实存账存对比表”，核准库存现金、银行存款、存货、固定资产、往来款项等的盈亏数字，分析产生的原因，提出处理意见。一般情况下，对于定额内和无法确定责任者的盘亏，可以计入管理费用；由于管理人员失职所造成的盘亏，应由过失人负责赔偿；由于非常损失造成的盘亏，经批准后应作为营业外支出处理；对于贪污盗窃等违法行为所造成的损失，应依法处理。

（2）调整账簿记录，做到账实相符。在核准数字、查明各种差异的性质和原因的基础上，应根据“实存账存对比表”编制记账凭证，并据以登记账簿，通过账簿记录的调整，做到账实相符。

（3）编制记账凭证，据以登记入账，予以核销。根据发生的财产物资差异的性质和原因，报经有关部门批准后，严格按照批复意见进行账务处理，编制记账凭证，据以登记入账，予以核销。

二、财产清查结果的账务处理

设置“待处理财产损溢”账户，以反映和监督各单位在财产清查过程中查明的各种财产的盈、亏、毁损及其转销情况，物资在运输途中发生的非正常短缺与损耗，也通过本科目核算。各项待处理财产物资的盘盈净值，在批准前记入该账户的贷方，在批准后（即转销财产物资的盘盈数）记入该账户的借方；各项待处理财产物资的盈亏及毁损净值，在批准之前记入该账户的借方，批准后（即转销财产物资的盘亏及毁损数）登记在该账户的贷方。各项财产物资的损益应于期末前查明原因，并根据所在单位的管理权限，经股东大会或董事会、或经理（厂长）会议或类似机构批准后，在期末结账前处理完毕。如清查的各种财产物资的损益，在期末结账前尚未批准的，在对外提供财务会计报告时先按上述规定进行处理，并在会计报表附注中做出说明，如果其后批准处理的金额与已处理的金额不一致，再按批准数进行调整，并调整会计报表相关项目的年初数。该账户可按盘盈、盘亏的资产种类和项目进行明细核算。“待处理财产损溢”账户用 T 形账户表示，如图 7-6 所示。

借方	待处理财产损溢 贷方
（1）各项待处理财产物资的盘亏及毁损净值 （2）经批准转销的盘盈数额	（1）各项待处理财产物资的盘盈净值 （2）经批准转销的盘亏或毁损数额
余额：尚待处理的财产物资的净损失数	余额：尚待处理的财产物资的净溢余数

图 7-6 “待处理财产损溢”账户示意图

【即学即思】“待处理财产损溢”账户期末出现余额说明什么问题？

1. 库存现金清查结果的处理

在库存现金清查时发现现金短缺或盈余，应及时根据“库存现金盘点报告单”进行账务处理，先根据短款或长款的金额记入“待处理财产损溢”账户，待查明原因后，分别按以下情况进行处理。

（1）属于记账差错的应及时予以更正。

（2）无法查明原因的长款应计入营业外收入；无法查明原因的短款应计入管理费用。

（3）由出纳人员失职造成的短款应出纳人员赔偿，计入其他应收款。

现举例说明其会计处理。

【例 7-2】2020 年 11 月 30 日，ZH 公司在财产清查中发现库存现金溢余 50 元，库存现金盘点报告表如表 7-9 所示。

表 7-9 库存现金盘点报告表

2020 年 11 月 30 日　　单位：元

实存金额	账存金额	对比结果		备注
		盘盈	盘亏	
550	500	50		

盘点人（签章）：　　出纳员（签章）：

会计部门根据“库存现金盘点报告表”编制会计分录如下：

借：库存现金　　50

　贷：待处理财产损溢——待处理流动资产损溢　　50

会计部门根据批准处理意见和库存现金长款批准处理书，如图 7-7 所示，编制会计分录如下：

借：待处理财产损溢——待处理流动资产损溢　　50

　贷：营业外收入　　50

库存现金长款批准处理书

11 月 30 日盘点库存现金长款 50 元，无法查明具体原因，转作营业外收入。

批准人：总经理　王强

2020 年 12 月 3 日

图 7-7 库存现金长款批准处理书

【例 7-3】2020 年 12 月 31 日，ZH 公司在财产清查中发现库存现金短缺 200 元，如表 7-10 所示。

表 7-10 库存现金盘点报告表

2020 年 12 月 31 日　　单位：元

实存金额	账存金额	对比结果		备注
		盘盈	盘亏	
300	500		200	

盘点人（签章）：　　出纳员（签章）：

会计部门根据表 7-10“库存现金盘点报告表”编制会计分录如下：

借：待处理财产损溢——待处理流动资产损溢　200

　贷：库存现金　200

会计部门根据批准处理意见和库存现金长款批准处理书，如图 7-8 所示，编制会计分录如下：

借：其他应收款——钱某　100

　管理费用　100

　贷：待处理财产损溢——待处理流动资产损溢　200

库存现金长款批准处理书

12 月 31 日盘点库存现金短款 200 元，经查明库存现金短缺中 100 元是属于出纳员的责任，应由出纳员钱某赔偿；另外 100 元无法查明原因，转作期间费用。

批准人：总经理　王强

2020 年 12 月 31 日

图 7-8 库存现金长款批准处理书

2. 存货清查结果的处理

企业在财产清查中发现的存货盘盈，一般转入管理费用。发现的存货盘亏和毁损，在报经批准前，应按其成本转入待处理财产损溢，贷记存货类账户，使账实相符。报经批准以后，再根据造成盘亏和毁损的原因，分别按以下情况进行处理。

（1）属于自然损耗产生的定额损耗，经批准后转作管理费用。

（2）属于计量收发差错和管理不善等原因造成的超定额损耗，应先扣除残料价值和过失人的赔偿，然后将净损失计入管理费用。

（3）属于自然灾害或意外事故造成的存货毁损，应先扣除残料价值和可以收回的保险赔偿，然后将净损失转作营业外支出。

【例 7-4】2020 年 11 月 30 日，ZH 公司盘点财产物资，发现盘盈丙材料 300 千克，实际总成本 150 元，原因不明；盘亏甲材料 0.5 千克，实际总成本 25 元，丁材料 700 千克，实际总成本 1 400 元，如表 7-11 所示。

会计部门根据“实存账存对比表”编制会计分录如下：

借：原材料——丙材料　　150

　　贷：待处理财产损溢——待处理流动资产损溢　　150

借：待处理财产损溢——待处理流动资产损溢　　1 425

　　贷：原材料——甲材料　　25

　　　　　　　——丁材料　　1 400

表 7-11　实存账存对比表

单位名称：ZH 公司　　2020 年 11 月 30 日　　单位：元

名　称	规格	计量单位	单价	实存		账存		盘盈		盘亏		备注
				金额	数量	金额	数量	金额	数量	金额	数量	
甲材料		千克	50	475	9.5	500	10			25	0.5	
丙材料		千克	0.5	10 150	20 300	10 000	2 000	150	300			
丁材料		千克	2	8 600	4 300	10 000	5 000			1 400	700	

盘点人（签章）：　　会计（签章）：

【例 7-5】 2020 年 12 月 31 日，经 ZH 公司主管部门批准，上述盘盈盘亏的材料批复意见如表 7-12 所示。

表 7-12　流动资产清查报告单

2020 年 12 月 31 日　　单位：元

类别	名称	单位	单价	账面数量	实存数量	盘盈		盘亏		盘盈盈亏原因
						数量	金额	数量	金额	
	甲材料	千克	50	10	9.5			0.5	25	盘亏，定额内损耗，计入管理费用
	丙材料	千克	0.5	20 000	20 300	300	150			盘盈，冲减管理费用
	丁材料	千克	2	5 000	4 300			700	1 400	盘亏，管理不当，预计可收回残料 400 元，向保管人员索赔 100 元净损失计入管理费用
合计							150		1 425	

制表：　　会计主管：　　企业主管：

会计部门根据批准处理意见，编制会计分录如下：

借：待处理财产损溢——待处理流动资产损溢　　150

　　贷：管理费用　　150

借：管理费用　　925

　　其他应收款——保管人员×××　　100

　　原材料　　400

　　贷：待处理财产损溢——待处理流动资产损溢　　1 425

3. 固定资产盘盈和盘亏的核算

对于企业在清查中盘盈的固定资产，应按其同类或类似固定资产的市场价值，减去该项固定资产按新旧程度估计的价值损耗后的余额，借记“固定资产”账户，贷记“以前年度损溢调整”账户。企业发生固定资产盘亏时，按盘亏固定资产的净值，借记“待处理财产损溢”账户，按已计提的累计折旧，借记“累计折旧”账户，按固定资产的原价，贷记“固定资产”账户。报经批准后处理时，按可收回的保险赔偿或过失人赔偿，借记“其他应收款”账户，按净损失记入“营业外支出”账户的借方。

【例 7-6】12 月 31 日，ZH 公司盘点财产物资，发现盘亏一台电机。“固定资产盘点盈亏报告表”如表 7-13 所示。

表 7-13 固定资产盘点盈亏报告表

部门：99 型车间　　清查日期：2020 年 12 月 31 日　　单元：元

设备编号	设备名称	设备型号	数量	盘盈		盘亏		备注
				重置价值	估计折旧	原值	累计折旧	
0015	电机	DA11R	1 台			2 500	2 000	
合计								

车间主任：×××　　清查人员（签章）：×××

会计部门根据“固定资产盘点盈亏报告表”编制会计分录如下：

借：待处理财产损溢——待处理非流动资产损溢　　500

　　累计折旧　　2 000

　　贷：固定资产　　2 500

【例 7-7】12 月 31 日，经批准，上述盘亏的固定资产批复意见如表 7-14 所示。

表 7-14 固定资产清查报告单

2020 年 12 月 31 日　　单位：元

固定资产编号	固定资产名称	盘盈			盘亏			原因
		数量	重置价值	估计折旧	数量	原始价值	已提折旧	
0015	电机				1	2 500	2 000	意外损失
合计					1	2 500	2 000	
处理意见	使用部门	清查小组			审批部门			
	机加工车间使用	转入营业外支出			同意			

制表：×××　　财务主管：×××　　企业主管：×××

会计部门根据批准处理意见，编制会计分录如下：

借：营业外支出　　500

　贷：待处理财产损溢——待处理非流动资产损溢　　500

【知识巩固】

一、单选题

1．由于管理不善导致存货的盘亏一般应作为（　　）处理。

A．营业外支出　B．管理费用　C．财务费用　D．其他应收款

2．对存货、固定资产清查盘点（　　）。

A．出纳员不许在场　B．会计和出纳必须在场

C．实物保管员必须在场　D．实物保管员不必在场

3．对存货的盘亏或毁损，属额定范围内的自然损耗和非过失人造成的损失，经批准后，一般计入（　　）。

A．管理费用　B．营业外支出　C．其他应收款　D．生产成本

4．对于大量、成堆、难以逐一清点的财产物资的清查，一般采用（　　）方法进行清查。

A．实地盘点　B．抽样检验　C．询证核对　D．技术推算盘点

5．在记账无误的情况下，银行对账单与银行存款日记账账面余额不一致的原因是（　　）。

A．暂收和暂付款　B．应收账款　C．应付账款　D．未达账项

6．单位在进行资产重组时，一般应进行（　　）。

A．局部清查　B．全面清查　C．重点清查　D．抽查

7．在财产清查中，填制的“实存账存对比表”是（　　）。

A．登记总分类账的依据　B．调整账面记录的原始凭证

C．调整账面记录的记账凭证　D．登记日记账的直接依据

8．对银行存款清查，应该采用的方法是（　　）。

A．定期盘点法　B．与银行核对账目法

C．倒挤法　D．与往来单位核对账目法

二、多选题

1．会使企业银行存款日记账账面余额大于银行对账单余额未达账项的有（　　）。

A．企业已收，银行未收　B．企业已付，银行未付

C．银行已收，企业未收　D．银行已付，企业未付

2．不定期清查主要在下列（　　）情况下进行。

A．变更财产物资和现金保管人员　B．发生非常灾害造成财产物资受损

C．年终结算　　D．有关部门对企业进行审核

E．企业关、停、并、转、改变隶属关系

3．库存现金盘亏的账务处理中可能涉及的科目有（　　）。

A．库存现金　　B．管理费用

C．其他应收款　　D．营业外支出

4．下列内容属于财产全面清查范围的是（　　）。

A．租入固定资产　　B．应付账款　　C．在产品　　D．应收账款

5．对于盘亏的库存现金，以下处理正确的有（　　）。

A．因管理不善造成的净损失计入管理费用

B．因自然灾害造成的净损失计入营业外支出

C．应由保险公司赔偿的部分计入管理费用

D．应由责任人赔偿的部分计入其他应收款

6．下列关于财产清查结果的处理，正确的有（　　）。

A．个人造成的损失，应由责任人赔偿，计入其他应收款

B．因自然灾害造成的存货盘亏净损失、固定资产盘亏净损失计入营业外支出

C．库存现金和存货盘盈，计入营业外收入

D．无法支付的应付款项，计入营业外收入

三、练习编制银行存款余额调节表

大兴公司2020年10月31日银行存款日记账的记录与开户银行送来的对账单的记录分别如下：

1．大兴公司银行存款日记账账面记录：

（1）21日开出转账支票#1246，支付购料款37 670元。

（2）23日开出转账支票#621，提取现金300元。

（3）25日开出转账支票#1247，支付光明工厂账款22 786元。

（4）26日收到天宇工厂货款24 600元。

（5）29日收到转账支票#74677，存入货款10 800元。

（6）30日开出转账支票#1248，支付材料运费845元。

（7）31日结存余额117 830元。

2．银行对账单记录：

（1）22日代收天宇工厂货款24 600元。

（2）23日付现金支票#621，计300元。

（3）23日付转账支票#1246，购料款37 670元。

（4）25日代交自来水公司水费2 085元。

（5）28日代收浙江东湖工厂货款33 600元。

（6）30日付转账支票#1247，购料款22 786元。

（7）31日结存余额139 390元。

要求：将公司账面记录与银行对账单逐笔核对，查明未达账项，编制银行存款余额调节表，如表7-15所示。

表7-15　银行存款余额调节表

2020年10月31日　　单位：元

项　目	金　额	项　目	金　额
银行存款日记账余额		银行对账单余额	
加：银行已收，企业未收款项		加：企业已收，银行未收款项	
减：银行已付，企业未付款项		减：企业已付，银行未付款项	
调节后的银行存款余额		调节后的银行存款余额	

四、练习财产清查结果的账务处理

1．大兴公司于2020年3月进行库存现金清查，发现长款185元。经反复核查，未查明原因，报经批准作营业外收入处理。

大兴公司于2020年4月进行库存现金清查，发现短款60元。经核查，属于出纳员的责任，应由出纳员赔偿。

大兴公司于2020年7月进行财产清查，发现盘亏设备一台，其原价11 000元，已提折旧2 500元。

要求：对以上经济业务进行批准前与批准后有关的账务处理。

2．大兴公司于2020年10月进行财产清查，发现下列材料账实不符：

甲材料账存8 900元，实存8 500元，系收发计量不准；

乙材料账存3 600元，实存3 400元，系保管员失职造成；

丙材料账存18 700元，实存14 500元，系自然灾害造成毁损。经确证保险公司应给予1 000元赔偿。

要求：对以上经济业务进行批准前与批准后有关的账务处理（不考虑增值税）。

项目八 财务报告

学习目标

1. 明确财务报告的概念与作用
2. 了解财务报表的种类
3. 掌握资产负债表的概念、结构和编制方法
4. 掌握利润表的概念、结构和编制方法

任务一　认知财务报告

任务描述

本任务的目标是明确财务报告的概念与作用，了解财务报告的科类，理解财务报告的编制要求。通过本任务的学习，对财务报告的作用有一定清晰的认识。

一、财务报告的概念与作用

1. 财务报告的概念

财务报告是指企业对外提供的反映企业某一特定日期的财务状况和某一会计期间的经营成果、现金流量等会计信息的书面报告文件。财务报告包括财务报表和其他应当在财务报告中披露的相关信息和资料。

2. 财务报告的作用

编制财务报告，对于加强企业内部经营管理及改善企业外部有关方面的经济决策环境有重要帮助作用。具体来说，财务报告的作用主要表现在三个方面。

（1）有利于投资和信贷决策。为了帮助企业现在和潜在的投资者、信贷者做出投资、贷款等方面的合理决策，财务报告提供了比较全面反映企业财务状况、经营成果、现金流量等方面的会计信息，给投资人与债权人作参考。

（2）有利于考核和衡量管理者的经营业绩。为了考核分析企业的成本计划和预算的完成情况，总结经营管理工作中的成绩和存在的问题，分析问题的原因，并找到问题的最合理解决对策，以及评价经济效益，企业管理者需要利用财务报告中的会计信息。

（3）有利于政府部门开展管理与进行宏观控制。为了加强管理，国家有关部门要求有关单位报送财务报告，以便通过汇总分析了解相关产业、行业、企业的发展情况，制定产业、行业发展政策，调整发展方向，并对各产业、行业发展中存在的问题及时运用经济杠杆和其他手段进行调控，促进经济发展、提高经济效益。

二、财务报表的种类

财务报表是财务报告的核心内容，是连接会计信息提供者和使用者的桥梁，对企业而言，根据不同划分标准，财务报表可分为不同类别。

1. 按照反映的经济内容分类

财务报表按照反映的经济内容不同，分为资产负债表、利润表、现金流量表、所有者权益变动表和附注。

（1）资产负债表是反映企业在某一特定日期财务状况的报表。

（2）利润表是反映企业在一定会计期间经营成果的报表。

（3）现金流量表是反映企业一定会计期间的现金和现金等价物流入和流出的报表。该报表以现金的收支为编制基础，通过反映一定时期经营活动、投资活动和筹资活动产生的现金流量，便于报表使用者了解和评价企业获取现金的能力，并据以预测企业未来的现金流量。现金流量表是对资产负债表和利润表的重要补充。

（4）所有者权益变动表是反映构成所有者权益的各组成部分当期增减变动情况的报表。

（5）附注是对资产负债表、利润表、现金流量表和所有者权益变动表等报表中列示项目的文字描述或明细资料，以及对未能在此报表中列示项目的说明等。附注包括的主要内容有企业的基本情况、财务报表的编制基础、重要会计政策等。

2. 按照编制的时间分类

财务报表还可按编制时间的不同，分为中期财务报表和年度财务报表。

（1）中期财务报表是指编制时间少于一个完整会计年度的报表，包括月度财务报表、季度财务报表和半年度财务报表。

（2）年度财务报表是指在年度终了时编制的、反映某一年度财务状况、经营成果、所有者权益变动的财务报表。

3. 按照编制主体分类

财务报表按照编制主体的不同，分为个别财务报表和合并财务报表。

（1）个别财务报表是由企业在自身会计核算基础上对账簿记录进行加工而编制的财务报表，它主要用以反映企业自身的财务状况、经营成果和现金流量情况。

（2）合并财务报表是以母公司和子公司组成的企业集团为会计主体，反映企业集团财务状况、经营成果及现金流量的财务报表。

4. 按照使用对象分类

财务报表按照使用对象不同，分为对外财务报表和对内财务报表。

（1）对外财务报表是指根据《企业会计准则》和《中华人民共和国公司法》的规定，企业定期向投资人、债权人、税务部门、证券交易监管机构等企业以外的报表使用者报送的财务报表。

（2）对内财务报表是根据企业内部管理需要，向企业各职能部门提供的财务报表。

三、财务报表的编制要求

为了发挥财务报表的作用，保证会计信息的质量，编制财务报表时，应遵行以下几点要求。

（1）数据真实。会计信息的基本质量要求是真实性。会计核算应当根据实际发生的经济业务及证明经济业务发生的合法凭证，如实反映企业财务状况和经营成果。不许弄虚作假伪造数据，只有真实的会计信息才能在国家宏观经济管理、投资者决策和企业内部管理中发挥作用。

（2）计算准确。编制真实可靠的财务报表前，企业要按期结账，不得为赶制会计报表而提前结账；会计核算要保证账证相符、账实相符、账账相符，财务报表所列数字应该保证准确、真实。

（3）内容完整。编制会计报表应按统一的种类、格式、内容进行，不得少报、漏报，对于应当填列的项目，都应填报齐全；对于一些重要信息，应以适当形式予以披露。内容完整的财务报表才能全面反映企业生产经营状况，满足不同使用者的不同需求。

（4）编报及时。会计信息具有时效性，因而财务报表必须按照国家和有关部门规定的期限和程序及时编制，只有及时编制和报送才便于会计报表的使用者使用，否则由于编制、报送不及时，对于报表的使用者来说，就大大降低了会计信息的使用价值。一般情况下，月度财务报表应于月度终了后 6 天内（节假日顺延，下同）对外提供；季度财务报表应于季度终了后 15 天内对外提供；半年度财务报表应于年度中期结束后 60 天内对外提供；年度财务报表应于年度终了后 4 个月内对外提供。

任务二 编制资产负债表

任务描述

本任务的目标是明确资产负债表的编制原理、基本结构、编制基础与主要项目内容。通过本任务的学习，可以认知企业某一特定日期的财务状况，并能够编制资产负债表。

一、资产负债表的概念与作用

1. 资产负债表的概念

资产负债表是反映企业在某一特定日期财务状况的报表。依据“资产=负债+所有者权益”会计恒等式原理，按照一定的分类标准、一定的次序，提供有关企业财务状况方面的信息，即反映某一特定日期关于企业资产、负债、所有者权益及其相互关系。因此，资产负债表也称为财务状况表。

另外，资产负债表中的数据一般根据各个账户的“期末余额”填列，为时点数，反映的内容是资金循环相对静止状态下的表现，因而此表属于静态报表。

2. 资产负债表的作用

资产负债表是财务报告中的重要报表之一，对于不同的会计信息使用者都具有非常重要的参考意义，其作用如下。

（1）反映某一特定日期企业资产总额及其结构，表明企业拥有或控制的资源及其分布情况，使用者可以一目了然地从资产负债表上了解企业在某特定日期所拥有的资产总量及其结构。

（2）反映某一特定日期企业负债总额及其结构，表明企业未来需要资产或劳务来清偿债务及清偿时间。

（3）反映所有者所拥有的权益，据以判断资本保值、增值的情况，以及对负债的保障程度。

（4）了解企业的财务状况全貌。通过利用用以进行财务分析的基本资料，计算流动比率、速动比率等关键性指标，可以了解企业的变现能力、偿债能力和资金周转能力，从而有助于报表使用者做出经济决策。

二、资产负债表的结构与内容

1. 资产负债表的结构

资产负债表是由表头、表体和表尾三个部分组成的。

（1）表头包括报表名称、编制单位名称、编制时间和货币计量单位四个要素，编表时间为某年某月某日。

（2）表体是资产负债表的主体部分，包括各项资产、负债和所有者权益各项目的名称及其年初数和期末数。表体部分的格式有账户式（左右式）和报告式（上下式）两种。我国《企业会计准则》规定，企业的资产负债表一般使用账户式格式。

（3）表尾是对表体内容的补充说明，提供企业和有关部门需要了解的相关指标和详细说明。

2. 资产负债表的内容

资产负债表是根据“资产=负债+所有者权益”这一基本的会计恒等式，按一定的分类标准和一定的顺序，把企业某一特定日期的资产、负债和所有者权益各项目进行适当排列，并对日常会计核算资料中形成的大量数据进行分类整理后编制而成的。账户式资产负债表是左右结构。左方列示资产类项目，右方列示负债类和所有者权益类项目。

（1）资产类项目按流动性大小排列，分为流动资产和非流动资产。流动资产通常包括货币资金、应收票据、应收账款、预付款项、应收股利、应收利息、其他应收款、存货、一年内到期的非流动资产、其他流动资产等。而非流动资产则通常包括长期股权投资、固定资产、在建工程、工程物资、固定资产清理、无形资产、开发支出、长期待摊费用和其他非流动资产等。

（2）负债类项目按其偿还期由短到长排列，分为流动负债和非流动负债。流动负债通常包括短期借款、应付票据、应付账款、预收款项、应付职工薪酬、应交税费、应付利息、应付股利、其他应付款和一年内到期的非流动负债等。而非流动负债通常包括长期借款、应付债券和其他非流动负债等。

（3）所有者权益类项目按形成来源、留在企业的永久程度高低顺序排列。一般按照实收资本、资本公积、盈余公积和未分配利润分项列示。

根据“资产=负债+所有者权益”的会计恒等式，要求左方的资产各项目的合计数等于右方负债和所有者权益项目的合计数。资产负债表的左右存在着对应关系：左方反映某一特定日期持有的不同形态的资产，右方反映企业对不同的债权人所承担的偿付责任和属于投资人的净资产。资产负债表具体格式如表 8-1 所示。

表 8-1　资产负债表

编制单位：　　　　　　　　　　　　　　年　月　日　　　　　　　　　　　　单位：元

资　产	年初余额	期末余额	负债和所有者权益	年初余额	期末余额
流动资产：			流动负债：		
货币资金			短期借款		
以公允价值计量且其变动计入当期损益的金融资产			以公允价值计量且其变动计入当期损益的金融负债		
应收票据			应付票据		
应收账款			应付账款		
预付款项			预收款项		
应收股利			应付职工薪酬		
应收利息			应交税费		
其他应收款			应付利息		
存货			应付股利		
一年内到期的非流动资产			其他应付款		
其他流动资产			一年内到期的非流动负债		
流动资产合计			其他流动负债		
非流动资产：			流动负债合计		
可供出售金融资产			非流动负债：		
持有至到期投资			长期借款		
投资性房地产			应付债券		
长期股权投资			长期应付款		
长期应收款			专项应付款		
固定资产			递延所得税负债		
在建工程			其他非流动负债		
工程物资			非流动负债合计		
固定资产清理			负债合计		
无形资产			所有者权益（或股东权益）：		
开发支出			实收资本（或股本）		
商誉			资本公积		
长期待摊费用			减：库存股		
递延所得税资产			盈余公积		
其他非流动资产			未分配利润		
非流动资产合计			所有者权益合计		
资产合计			负债及所有者权益合计		

三、资产负债表的编制方法

资产负债表各项目分为“年初余额”和“期末余额”两栏。

1. 年初余额

本表“年初余额”栏内各项数字，应根据上年年末资产负债表“期末余额”栏内所列数字填列。如果上年度资产负债表规定的各个项目的名称和内容同本年度不一致，则应对上年年末资产负债表各项目的名称和数字按照本年度的规定进行调整。

2. 期末余额

资产负债表的期末余额一般依据企业期末总分类账户或明细分类账户的期末余额直接填列或进行分析加工处理后填列。具体填列方法可归纳如下。

（1）直接根据总账账户余额填列。资产负债表项目的大部分项目直接根据相对应账户的余额填列，如“应收票据”“短期借款”“应付职工薪酬”“资本公积”等。

（2）根据若干个总账账户余额的合计数计算填列。例如，“货币资金”项目就是根据“库存现金”“银行存款”“其他货币资金”三个账户的余额合计数填列的。“存货”项目根据“在途物资”“原材料”“生产成本”“库存商品”“周转材料”等若干个账户余额合计后再减去存货跌价准备后的净额填列。

（3）根据明细账账户的余额分析填列。例如，“应收账款”项目应根据“应收账款”和“预收账款”所属明细账的借方余额合计数再减去坏账准备填列。类似的有“预付款项”项目，应根据“预付账款”和“应付账款”所属明细账的借方余额合计数填列；“预收款项”项目应根据“预收账款”和“应收账款”所属明细账的贷方余额合计数填列；“应付账款”项目应根据“应付账款”和“预付账款”所属明细账的贷方余额合计数填列。

（4）根据总账和明细账账户余额分析计算填列。例如，“长期借款”项目根据“长期借款”总账账户余额扣除“长期借款”明细账账户中反映的将于一年内到期的长期借款部分分析计算填列。类似的还有“持有至到期投资”项目、“长期应收款”项目、“长期应付款”项目等。

（5）根据相关账户余额相减后填列。例如，“固定资产”项目，应根据“固定资产”账户的期末余额再减去“累计折旧”“固定资产清理”账户的期末余额填列。类似的还有“无形资产”“生产性生物资产”等项目。

四、资产负债表编制示例

【例 8-1】光华公司 2020 年 5 月 31 日有关账户期末余额如表 8-2 与表 8-3 所示。

表 8-2　科目余额表

2020 年 5 月 31 日　　单位：元

账户名称	借方余额	账户名称	贷方余额
库存现金	2 000	短期借款	60 000
银行存款	676 000	应付票据	27 000
应收票据	125 000	应付账款	62 000
应收账款	53 000	预收账款	6 000
预付账款	5 000	应付职工薪酬	12 000
其他应收款	1 000	应交税费	4 600
在途物资	28 000	应付股利	44 200
原材料	54 000	长期借款	450 000
库存商品	120 000	实收资本	1 271 000
生产成本	42 000	资本公积	126 000
在建工程	66 000	盈余公积	164 200
固定资产	627 000	利润分配	165 000
无形资产	620 000	累计折旧	27 000
合计	2 419 000	合计	2 419 000

表 8-3　有关明细分类账户期末余额表

2020 年 5 月 31 日　　单位：元

总账名称	明细账名称	借方余额	贷方余额
应收账款		53 000	
	甲公司	83 000	
	乙公司		30 000
预付账款		5 000	
	A 公司	8 000	
	B 公司		3 000
应付账款			62 000
	丙公司		92 000
	丁公司	30 000	
预收账款			6 000
	C 公司		6 000

根据以上资料编制光华公司 2020 年 5 月 31 日的资产负债表，如表 8-4 所示。

表 8-4 资产负债表

编制单位：光华公司　　　　2020 年 5 月 31 日　　　　单位：元

资产	年初余额	期末余额	负债和所有者权益	年初余额	期末余额
流动资产：			流动负债：		
货币资金		678 000	短期借款		60 000
以公允价值计量且其变动计入当期损益的金融资产			以公允价值计量且其变动计入当期损益的金融负债		
应收票据		125 000	应付票据		27 000
应收账款		83 000	应付账款		95 000
预付款项		38 000	预收款项		36 000
应收股利			应付职工薪酬		12 000
应收利息			应交税费		4 600
其他应收款		1 000	应付利息		
存货		244 000	应付股利		44 200
一年内到期的非流动资产			其他应付款		
其他流动资产			一年内到期的非流动负债		
流动资产合计		1 169 000	其他流动负债		
非流动资产：			流动负债合计		278 800
可供出售金融资产			非流动负债：		
持有至到期投资			长期借款		450 000
投资性房地产			应付债券		
长期股权投资			长期应付款		
长期应收款			专项应付款		
固定资产		600 000	递延所得税负债		
在建工程		66 000	其他非流动负债		
工程物资			非流动负债合计		450 000
固定资产清理			负债合计		728 800
无形资产		620 000	所有者权益（或股东权益）		
开发支出			实收资本（或股本）		1 271 000
商誉			资本公积		126 000
长期待摊费用			减：库存股		
递延所得税资产			盈余公积		164 200
其他非流动资产			未分配利润		165 000
非流动资产合计		1 286 000	所有者权益合计		1 726 200
资产合计		2 455 000	负债及所有者权益合计		2 455 000

表 8-4 中有关项目的计算如下：
货币资金=2 000+676 000=678 000（元）
存货=28 000+54 000+120 000+42 000=244 000（元）
应收账款=83 000（元）
预付款项=8 000+30 000=38 000（元）
应付账款=92 000+3 000=95 000（元）
预收款项=6 000+30 000=36 000（元）
固定资产=627 000-27 000=600 000（元）

任务三　编制利润表

任务描述

本任务的目标是明确利润表的编制原理、基本结构、编制基础与主要项目内容。通过本任务的学习，可以认知企业某一会计期间的经营成果状况，并能够编制利润表。

一、利润表的概念与作用

1. 利润表的概念

利润表又称损益表，是反映企业在一定会计期间经营成果的财务报表。利润表中的数据属于时期数，根据会计等式“收入-费用=利润”，利润表反映的内容是经营资金循环的动态表现。因此，利润表是动态报表。

2. 利润表的作用

利润表是企业财务报表的基本报表之一，其作用表现为以下几个方面。

（1）反映企业实现的收入及其构成的情况。利润表可以反映企业在一定会计期间收入的实现情况，如营业收入、投资收益、营业外收入等。依据各项收入的构成比例还可以预测企业的发展趋势及企业未来的获利能力。

（2）反映企业费用的发生及其构成的情况。利润表可以反映企业在一定会计期间费用的耗费情况，如营业成本、税金及附加、销售费用、管理费用、财务费用等费用数据，以及营业外支出等。从各项费用的构成比例可以分析各项费用发生的合理性，通过比较费用的增长幅度可以判断企业对费用的控制能力。

（3）反映企业生产经营活动的成果。利润表可以反映企业在一定会计期间利润的实现情况，如实现的营业利润、利润总额、净利润等，有助于报表使用者判断净利润的质量及风险，预测净利润的持续性，并了解资本的保值、增值情况。

（4）与资产负债表结合使用，可以进行财务分析。将利润表中的数据与资产负债表中的数据结合使用，可以计算各种财务分析的指标。如计算资产收益率、应收账款周转率、存货周转率等，便于报表使用者判断企业的盈利能力和资金周转情况，以做出正确的决策。

二、利润表的结构与内容

利润表分为表头、表体、表尾三个部分。

（1）表头包括报表名称、编制单位名称、编制时间和货币计量单位四个要素。编制时间应为时期数，如某月份、某季度、某年度。

（2）表体部分有单步式和多步式两种形式。多步式利润表通常采用上下加减的报告式结构，在这种结构下，净利润的计算分解为多个步骤，需要通过多个步骤完成利润的计算。

一般情况下，多步式利润表大体可以将损益的计算过程划分为以下几个步骤。

① 确定营业利润，其公式为：

营业利润=营业收入-营业成本-税金及附加-销售费用-管理费用-财务费用-资产减值准备+/-公允价值变动收益（损失）+/-投资收益（损失）

② 确定利润总额，其公式为：

利润总额=营业利润+营业外收入-营业外支出

③ 确定净利润，其公式为：

净利润=利润总额-所得税费用

（3）表尾部分是各种附注资料。

多步式利润表可以提供比较详细的中间利润指标，便于对企业生产经营情况进行分析，有利于不同企业之间的比较，以正确评价企业的经营业绩和获利能力，有利于预测企业未来的经营趋势和获利能力。由于多步式利润表的结构更为科学，因此世界各个国家普遍采用多步式利润表。按照我国《企业会计准则》的规定，我国企业也采用多步式利润表。利润表格式详见表 8-5。

表 8-5　利润表

编制单位：　　　　年　月　　　　单位：元

项　目	本期金额	上期金额
一、营业收入		
减：营业成本		
税金及附加		
销售费用		
管理费用		

（续表）

项　　目	本期金额	上期金额
财务费用		
加：其他收益		
投资收益（损失以“-”号填列）		
其中：对联营企业和合营企业的投资收益		
公允价值变动收益（损失以“-”号填列）		
资产减值损失（损失以“-”号填列）		
二、营业利润（亏损总额以“-”号填列）		
加：营业外收入		
减：营业外支出		
三、利润总额（亏损总额以“-” 号填列）		
减：所得税费用		
四、净利润（净亏损以“-”号填列）		
五、其他综合收益的税后净额		
（一）不能重分类进损益的其他综合收益		
（二）将重分类进损益的其他综合收益		
六、综合收益总额		
七、每股收益		
（一）基本每股收益		
（二）稀释每股收益		

三、利润表的编制方法

利润表各项目分为“上期金额”和“本期金额”两栏。

1. 上期金额

本表中“上期金额”栏内各项数字，应根据上年度利润表“本期金额”栏内所列数字填列。如果上年度利润表规定的各个项目的名称和内容同本年度不一致，则应对上年度利润表各项目的名称和数据按本年度的规定进行调整，填入本表“上期金额”栏内。

2. 本期金额

本表中“本期金额”栏内各项数字，主要根据相关账户的发生额分析填列。

（1）形成营业收入的各项目的填列。“营业收入”项目，反映企业经营主要业务和其他业务所确认的收入总额，根据“主营业务收入”和“其他业务收入”账户的发生额分析填列。“营业成本”项目，反映企业经营主要业务和其他业务发生的实际成本总额，根据“主营业务成本”和“其他业务成本”账户的发生额分析填列。“税金及附加”项目，反映企业经营业务应负担的消费税、城市维护建设税、资源税、土地增值税和教育费附加等，应根据“税金及附加”账户的发生额分析填列。

（2）组成营业利润的各项目的填列。“营业外收入”项目反映企业发生的营业利润以外的收益，应根据“营业外收入”账户的发生额分析填列。“营业外支出”项目反映企业发生的营业利润以外的支出，应根据“营业外支出”账户的发生额分析填列。

（3）形成利润总额的项目的填列。“所得税费用”项目反映企业根据所得税准则确认的应从当期利润总额中扣除的所得税费用，应根据“所得税费用”账户的发生额分析填列。

（4）“其他综合收益的税后净额”项目反映企业根据企业会计准则规定未在损益中确认的各项利得和损失扣除所得税影响后的净额。

（5）“基本每股收益”和“稀释每股收益”项目，应当根据每股收益准则规定计算的金额填列。

四、利润表编制示例

【例 8-2】光华公司 2020 年 12 月各损益类账户发生额有关资料如表 8-6 所示。

表 8-6　各损益类账户发生额表

2020 年 12 月　　　　单位：元

项 目 名 称	借方发生额	贷方发生额
主营业务收入		2 500 000
主营业务成本	1 400 000	
税金及附加	27 550	
销售费用	50 000	
管理费用	180 600	
财务费用	84 300	
投资收益		45 000
营业外收入		32 000
营业外支出	16 000	
所得税费用	145 012	

根据表 8-6 的资料编制利润表，如表 8-7 所示。

表 8-7 利润表

编制单位：光华公司　　　　2020 年 12 月　　　　单位：元

项　　目	本 期 金 额	上 期 金 额
一、营业收入	2 500 000	略
减：营业成本	1 400 000	
税金及附加	27 550	
销售费用	50 000	
管理费用	180 600	
财务费用	84 300	
加：其他收益		
投资收益（损失以“-”号填列）	45 000	
其中：对联营企业和合营企业的投资收益		
公允价值变动收益（损失以“-”号填列）		
资产减值损失（损失以“-”号填列）		
二、营业利润（亏损总额以“-”号填列）	802 550	
加：营业外收入	32 000	
减：营业外支出	16 000	
三、利润总额（亏损总额以“-”号填列）	818 550	
减：所得税费用	145 012	
四、净利润（净亏损以“-”号填列）	673 538	
五、其他综合收益的税后净额		
（一）不能重分类进损益的其他综合收益		
（二）将重分类进损益的其他综合收益		
六、综合收益总额		
七、每股收益		
（一）基本每股收益		
（二）稀释每股收益		

任务四 了解现金流量表

任务描述

本任务的目标是了解现金流量表的概念、作用与基本结构。通过本任务的学习，可以看懂流量表中企业不同来源的现金流量。

一、现金流量表的概念与作用

1. 现金流量表的概念

现金流量表是反映企业在一定会计期间现金和现金等价物流入和流出的报表，它是以现金为基础编制的财务状况变动表，属于动态报表。

2. 现金流量表的作用

编制现金流量表旨在为财务报表使用者提供企业一定会计期间现金流入和流出的信息，便于报表使用者了解和评价企业获取现金的能力，并据以预测企业未来的现金流量。

现金流量表的作用表现为：评估企业偿还债务及支付企业所有者投资报酬的能力；确定净利润与企业现金收支产生差异的原因，评价企业的经营质量和真实盈利能力；判断企业未来获取现金的能力；恰当评估企业当期的现金与非现金投资和理财事项对企业财务状况的影响等。

二、现金流量表的编制

1. 现金流量表的编制基础

现金流量表的编制基础是现金及现金等价物。

现金，是指企业库存现金及可以随时用于支付的存款，具体包括库存现金、银行存款、其他货币资金中的外埠存款、银行汇票存款、银行本票存款和存出投资款等。

现金等价物，是指企业持有的期限短（通常为 3 个月以内）、流动性强、易于转换为已知金额现金、价值变动风险很小的投资。

现金流量，是指某段时间内企业现金与现金等价物的流入和流出。形成企业现金流入的经济事项一般有：销售商品、提供劳务、出售固定资产、向银行借款等；形成企业现金流出的经济事项一般有：采购材料（或商品）、接受劳务、购建固定资产、对外投资、偿还债务等。

2. 现金流量表的格式

现金流量表主要提供企业经营活动、投资活动和筹资活动对现金流量有影响的信息。现金流量表具体包括六个部分：经营活动产生的现金流量；投资活动产生的现金流量；筹资活动产生的现金流量；汇率变动对现金及现金等价物的影响；现金及现金等价物净增加额；期末现金及现金等价物余额。现金流量表如表 8-8 所示。

表 8-8 现金流量表

编制单位： 年 月 单位：元

项 目	本期金额	上期金额
一、经营活动产生的现金流量：		
销售商品、提供劳务收到的现金		
收到税费的返还		
收到其他与经营活动有关的现金		
经营活动现金流入小计		
购买商品、接受劳务支付的现金		
支付给职工以及为职工支付的现金		
支付的各项税费		
经营活动现金流出小计		
经营活动产生的现金流量净额		
二、投资活动产生的现金流量：		
收回投资收到的现金		
取得投资收益收到的现金		
处置固定资产、无形资产和其他长期资产收回的现金净额		
处置子公司及其他营业单位收到的现金净额		
收到其他与投资活动有关的现金		
投资活动现金流入小计		
购建固定资产、无形资产和其他长期资产支付的现金		
投资支付的现金		
取得子公司及其他营业单位支付的现金净额		
支付其他与投资活动有关的现金		
投资活动现金流出小计		
投资活动产生的现金流量净额		
三、筹资活动产生的现金流量：		
吸收投资收到的现金		

（续表）

项　　目	本期金额	上期金额
取得借款收到的现金		
收到其他与筹资活动有关的现金		
筹资活动现金流入小计		
偿还债务支付的现金		
分配股利、利润或偿还利息支付的现金		
支付其他筹资活动有关的现金		
筹资活动现金流出小计		
筹资活动产生的现金流量净额		
四、汇率变动对现金及现金等价物的影响		
五、现金及现金等价物净增加额		
加：期初现金及现金等价物余额		
六、期末现金及现金等价物余额		

【知识巩固】

一、单选题

1．按照财务报表反映的内容来看，资产负债表属于（　　）。

A．费用成本报表　　B．财务成果报表

C．财务状况报表　　D．对外报表

2．我国《企业会计准则》规定企业的资产负债表格式一般采用（　　）结构。

A．账户式　　B．单步式　　C．报告式　　D．多步式

3．下列资产负债表项目中，应根据多个账户期末余额分析填列的项目是（　　）。

A．应交税费　　B．存货　　C．长期借款　　D．盈余公积

4．某企业“应收账款”明细账借方余额合计为 290 000 元，贷方余额合计为 73 000 元，“坏账准备”账户贷方余额为 650 元，则资产负债表的“应收账款”项目应为（　　）元。

A．280 000　　B．206 350　　C．289 350　　D．207 000

5．利润表的主要项目不包括（　　）。

A．营业利润　　B．利润总额　　C．流动资产　　D．净利润

6．依照我国《企业会计准则》的规定，利润表的格式为（　　）。

A．单步式　　B．多步式　　C．混合式　　D．独步式

7．关于财务报表，以下表述中错误的是（　　）。

A．可以全面、系统地向投资者提供其所需要的信息资料，满足其投资决策的需要

B．其信息的使用者包括上级主管部门、投资者、债权人和内部经营管理者

C．为加快财务报表的编制和报送速度，可先编制财务报表，然后进行账证、账账、账实核对，以保证会计信息的真实性

D．财务报表可以按不同标准进行分类

8．资产负债表是反映企业某一特定（　　）资产、负债和所有者权益状况的财务报表。

A．会计期间　　B．年度　　C．月度　　D．日期

9．资产负债表中，资产各项目排列顺序正确的是（　　）。

A．流动资产、长期股权投资、固定资产、无形资产及其他非流动资产

B．流动资产、固定资产、长期投资、无形资产

C．流动资产、长期股权投资、无形资产、固定资产

D．其他非流动资产、固定资产、无形资产、流动资产

10．下列财务报表中，不属于企业对外报送的财务报表的是（　　）。

A．资产负债表　　B．利润表

C．现金流量表　　D．制造费用分配表

二、多项选择题

1. 根据《企业会计准则》的规定，企业应编制和对外报送的基本财务报表包括（　　）。

A．资产负债表　　B．利润表

C．现金流量表　　D．成本计算表

2．下列各项中，属于不能用总账账户余额直接填列的项目有（　　）。

A．“应收账款”　　B．“预收账款”

C．“实收资本”　　D．“应付账款”

3．资产负债表中的“货币资金”项目，应根据（　　）账户期末余额的合计数填列。

A．“库存现金”　　B．“备用金”

C．“银行存款”　　D．“其他货币资金”

4．下列有关利润表说法正确的有（　　）。

A．属于动态报表，反映一定时期经营成果

B．属于静态报表，反映一定时期经营成果

C．可以分析企业的经济效益和盈利能力

D．预测企业未来一定时期内的盈利趋势

5．下列各项属于财务报表使用者的有（　　）。

A．政府有关机构　　B．投资人

C．债权人　　D．企业管理者

6．利润表提供的信息包括（　　）。

A．实现的主营业务收入　　B．发生的主营业务成本

C．其他业务利润　　D．企业的负债情况

7．资产负债表中属于流动资产项目的是（　　）。

A．“无形资产”　　B．“应收账款”

C．“预付款项”　　D．“存货”

8．资产负债表中的“存货”项目应根据（　　）账户的期末余额之和填列。

A．“原材料”　　B．“生产成本”

C．“在途物资”　　D．“库存商品”

9．现金流量表，是以现金为基础编制的，反映企业在一定会计期间的（　　）的流入和流出的会计报表，属于（　　）。

A．静态报表　　B．动态报表

C．现金　　D．现金等价物

10．现金流量表中现金流量产生的主要来源包括（　　）。

A．投资活动　　B．经营活动

C．筹资活动　　D．研发活动

三、练习编制资产负债表

资料：思远公司2020年6月30日有关账户余额如表8-9所示。

表8-9　思远公司科目余额表

单位：元

账户名称	借方余额	贷方余额
库存现金	2 000	
银行存款	250 000	
在途物资	6 000	
原材料	15 000	
库存商品	18 000	
生产成本	3 000	
预付账款	8 000	
其他应收款	6 500	
应收账款	30 000	
其中：甲公司	50 000	
乙公司		20 000
应付账款		30 000
其中：甲公司	10 000	
乙公司		40 000
应付职工薪酬	25 000	

（续表）

账 户 名 称	借 方 余 额	贷 方 余 额
本年利润		20 000
利润分配		5 000

要求：根据上述资料计算该公司月末资产负债表中下列项目的金额（必须列出计算过程）。

（1）货币资金。

（2）存货。

（3）应收账款。

（4）应付账款。

（5）预付款项。

（6）应付职工薪酬。

（7）未分配利润。

（8）其他应收款。

（9）预收款项。

四、练习编制利润表

资料：思远公司 2020 年 6 月 30 日结账前各损益类账户余额如表 8-10 所示。

表 8-10　思远公司各损益类账户期末余额表

单位：元

账 户 名 称	借 方 余 额	明细账名称	贷 方 余 额
主营业务成本	288 875	主营业务收入	472 500
销售费用	21 840	营业外收入	2 500
管理费用	59 320	投资收益	10 800
财务费用	2 400	所得税费用	24 811
营业外支出	1 000		

要求：根据上述资料编制思远公司 2020 年 6 月的利润表。

项目九

账务处理程序

学习目标

1. 明确账务处理程序的概念、要求和种类
2. 掌握记账凭证账务处理程序的核算步骤
3. 掌握科目汇总表的编制方法和科目汇总表账务处理程序的核算步骤
4. 掌握汇总记账凭证的填制方法和汇总记账凭证账务处理程序的核算步骤
5. 区分不同账务处理程序的异同、优缺点和适用范围

任务一　记账凭证账务处理程序

任务描述

本任务的目标是理解账务处理程序的概念及其要求，掌握账务处理程序的分类。通过本任务的学习，理解记账凭证账务处理程序的概念和特点，掌握记账凭证账务处理程序的核算步骤及优缺点。

一、账务处理程序概述

1. 账务处理程序的概念

账务处理程序，又称会计核算组织程序，是指记账和产生会计信息的步骤和方法，即从原始凭证的整理汇总、记账凭证的填制与汇总、日记账及明细分类账的登记，到会

计报表编制的步骤和方法。账务处理程序包括填制会计凭证、登记各种账簿，编制报表提供会计信息的整个过程的步骤和方法。

2. 账务处理程序的要求

在实际会计工作中，由于各单位的业务性质不同，组织规模大小各异，经济业务又有繁简之别，其需要设置的会计凭证、账簿的格式和种类也会有不同的要求。为了确保会计工作有条不紊地进行，提高会计工作的质量和效率，保证账簿记录能产生管理所需要的信息，各单位应根据自身的实际情况和具体条件，设计并实施适合本单位经济业务特点的账务处理程序。确定账务处理程序需要注意以下三点。

（1）要适合本单位的经济性质、所属行业的特点，考虑单位组织规模的大小、经济业务的繁简程度，有利于会计工作的分工协作和内部控制。

（2）要能够正确、及时和完整地提供本单位各方面的会计信息，以满足会计信息使用者的需求及国家宏观管理的需要。

（3）在保证核算资料正确、及时和完整的前提下，尽可能地提高会计工作的效率，减少不必要的环节，节约人力、物力和财力。

3. 账务处理程序的种类

根据登记总分类账的依据和方法的不同，账务处理程序可分为：记账凭证账务处理程序、科目汇总表账务处理程序、汇总记账凭证账务处理程序、多栏式日记账账务处理程序和日记总账账务处理程序等。

二、记账凭证账务处理程序概述

1. 记账凭证账务处理程序的概念和特点

记账凭证账务处理程序是指对发生的经济业务事项根据原始凭证或汇总原始凭证编制记账凭证，然后直接根据记账凭证逐笔登记总分类账的一种账务处理程序。

记账凭证账务处理程序是最基本的账务处理程序，其他各种账务处理程序基本上是在其基础上发展形成的。它的特点是直接根据各种记账凭证逐笔登记总分类账。在记账凭证账务处理程序下，现金日记账和银行存款日记账只被用来序时地登记各笔收付款业务，并不作为登记总分类账的依据。

2. 记账凭证账务处理程序下凭证和账簿的设置

采用记账凭证账务处理程序时，记账凭证可采用收款凭证、付款凭证和转账凭证三种格式，也可以采用通用的记账凭证格式。

账簿一般设置现金日记账、银行存款日记账、总分类账和各种明细分类账。日记账和总分类账一般采用三栏式。明细分类账可以根据需要采用三栏式、数量金额式和多栏式。

3. 记账凭证账务处理程序的核算步骤

记账凭证账务处理程序如图 9-1 所示。记账凭证账务处理程序的核算步骤如下。

（1）根据原始凭证或原始凭证汇总表，填制收款凭证，付款凭证和转账凭证或通用记账凭证。

（2）根据收款凭证和付款凭证及所附原始凭证或通用的记账凭证，逐笔顺序登记现金日记账和银行存款日记账。

（3）根据各种记账凭证和原始凭证或原始凭证汇总表逐笔登记明细分类账。

（4）根据收款凭证、付款凭证和转账凭证或通用的记账凭证，逐笔登记总分类账。

（5）按照对账的要求，定期将总分类账与日记账明细分类账进行核对。

（6）期末根据总分类账和明细分类账编制会计报表。

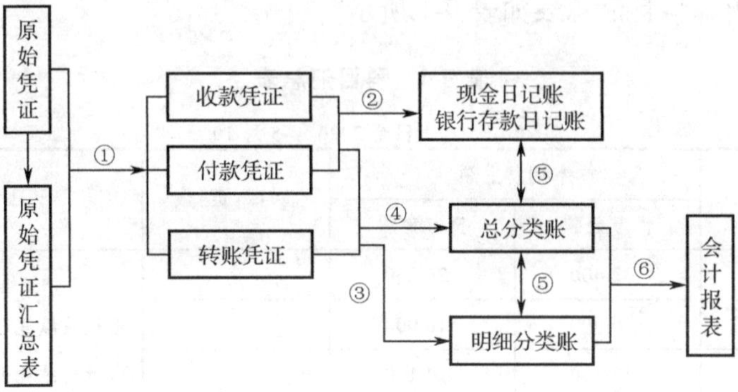

图 9-1　记账凭证账务处理程序

4. 记账凭证账务处理程序的优缺点

记账凭证账务处理程序的优点是：程序简明、手续简便、易于理解、便于操作，总分类账能较详细地记录和反映经济业务的发展情况、账户的对应关系和经济业务的来龙去脉，便于账簿对账。缺点是：如果企业的规模较大，经济业务数量多，登记总分类账的工作量会很大。

因此，记账凭证账务处理程序一般适用于规模较小、经济业务量较少的企业。

任务二　科目汇总表账务处理程序

任务描述

本任务的目标是理解科目汇总表凭证账务处理程序的概念和特点，通过本任务的学习，能够编制科目汇总表，掌握科目汇总表账务处理程序的核算步骤及优缺点。

一、科目汇总表概述

科目汇总表账务处理程序的账簿设置、各种账簿的格式及记账凭证的格式与记账凭证账务处理程序基本相同，只须另外增设科目汇总表。

1. 科目汇总表的概念

科目汇总表又称记账凭证汇总表，是定期对全部记账凭证进行汇总，按各个会计科目列示其借方发生额和贷方发生额的一种汇总凭证。依据借贷记账法的原理，科目汇总表中各个会计科目的借方发生额合计与贷方发生额合计应该相等，因此，科目汇总表具有试算平衡的作用。科目汇总表如表 9-1 所示。

表 9-1　科目汇总表

编号：　　　　2020 年 5 月 1 日至 2020 年 5 月 10 日　　　　单位：元

会计科目	本期发生额		总账页数	记账凭证起讫号数
	借方金额	贷方金额		
银行存款	32 400	36 860		银行收款凭证 1-3 银行付款凭证 1 现金付款凭证 1 转账凭证 1-10
库存现金	10 000	10 000		
原材料	14 100	14 100		
库存商品	29 300	18 600		
生产成本	27 980	28 490		
累计折旧		3 000		
应交税费	2 480	3 400		
本年利润	24 060	23 070		
应付职工薪酬	20 000	228 00		
主营业务成本	18 600	18 600		
管理费用	5 460	5 460		
销售费用	300	300		
主营业务收入	20 000	20 000		
合　计	204 680	204 680		

2. 科目汇总表的编制时间

科目汇总表的编制时间，应根据经济业务量的多少而定，可选择 3 天、5 天、10 天、15 天或 1 个月。科目汇总表汇总时间不宜过长，业务量多的可以每天汇总一次，业务量少的可以每 5 天、10 天、15 天汇总一次，这样可以及时对发生额进行试算平衡，了解资金运动情况。

二、科目汇总表账务处理程序概述

1. 科目汇总表账务处理程序的概念和特点

科目汇总表账务处理程序是根据记账凭证定期编制科目汇总表，然后根据科目汇总表登记总分类账的一种账务处理程序。

科目汇总表账务处理程序的特点是平时不需要根据每张记账凭证逐笔登记总分类账，而是定期将所有记账凭证按其所涉及的会计科目进行汇总，编制科目汇总表，然后根据科目汇总表登记总分类账。

2. 科目汇总表账务处理程序的核算步骤

科目汇总表账务处理程序如图 9-2 所示，科目汇总表账务处理程序的核算步骤如下。

（1）根据原始凭证或原始凭证汇总表，填制收款凭证、付款凭证和转账凭证或通用的记账凭证。

（2）根据收款凭证、付款凭证及所附原始凭证逐笔顺序登记现金日记账和银行存款日记账。

（3）根据记账凭证和原始凭证或原始凭证汇总表，逐笔登记明细分类账。

（4）根据各种记账凭证，定期编制科目汇总表。

（5）根据科目汇总表登记总分类账。

（6）按照对账要求，定期将总分类账与日记账、明细分类账相核对。

（7）期末，根据总分类账和明细分类账编制财务报表。

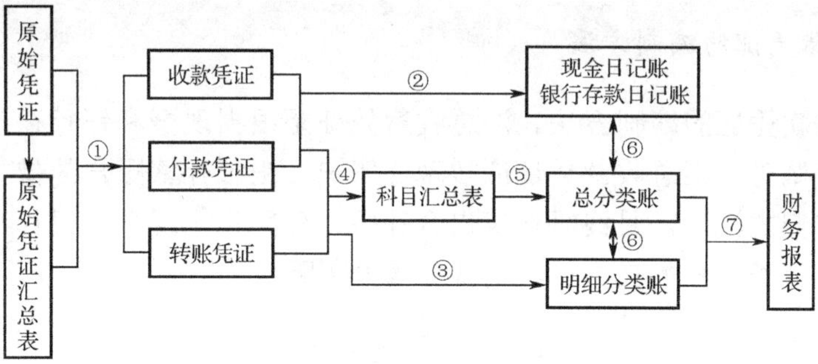

图 9-2　科目汇总表账务处理程序

3. 科目汇总表账务处理程序的优缺点及适用范围

采用科目汇总表账务处理程序的优点是：利用科目汇总表登记总分类账，可以简化总分类账的登记工作，减少登记总分类账的工作量；另外，通过编制科目汇总表，可以进行试算平衡，便于及时发现差错，从而保证会计工作质量。缺点是：由于科目汇总表只反映各科目的借方、贷方发生额，根据其登记总分类账，不能反映各账户之间的对应关系，因而不利于查对账目，也不便于分析经济活动情况。如果记账凭证较多，根据记账凭证编制科目汇总表本身也是一项复杂的工作；如果记账凭证较少，运用科目汇总表登记总分类账也起不到简化登记总分类账的作用。

因此，科目汇总表账务处理程序一般适用于规模较大、经济业务量较多的企业。

任务三　汇总记账凭证账务处理程序

任务描述

本任务的目标是理解汇总记账凭证账务处理程序的概念和特点，学会填制汇总记账凭证，通过本任务的学习，掌握汇总记账凭证账务处理程序的核算步骤及优缺点。

一、汇总记账凭证概述

汇总记账凭证账务处理程序的账簿设置、各种账簿的格式及记账凭证的格式与记账凭证账务处理程序基本相同，只须另外增设汇总记账凭证。

1. 汇总记账凭证的概念

汇总记账凭证须根据记账凭证汇总填制，也是一种记账凭证。汇总的期间不应超过 10 天，每月至少汇总 3 次。

2. 汇总记账凭证的编制方法

（1）汇总收款凭证的编制方法。汇总收款凭证是根据现金和银行存款收款凭证汇总编制而成的。编制时，汇总收款凭证应按现金账户、银行存款账户的借方设置，并按其对应的贷方账户归类汇总。月终时计算出合计数，分别记入现金、银行存款总分类账的借方和各对应总分类账户的贷方。其格式如表 9-2 所示。

表 9-2　汇总收款凭证

借方科目：　　年　月　　单位：元　汇收字第　号

贷方科目	金额				总账页数	
	日至 日 收款凭证 号至 号	日至 日 收款凭证 号至 号	日至 日 收款凭证 号至 号	合计	借方	贷方
合计						

（2）汇总付款凭证的编制方法。汇总付款凭证是根据现金和银行存款付款凭证汇总编制而成的。编制时，汇总付款凭证应按现金账户、银行存款账户的贷方设置，并按其对应的借方账户归类汇总。月终时计算出合计数，分别记入现金、银行存款总分类账的贷方和各对应总分类账户的借方。其格式如表 9-3 所示。

表 9-3　汇总付款凭证

贷方科目：　　　　年　月　　　　单位：元　　汇付字第　　号

借方科目	金　额				总账页数	
	日至　日 付款凭证 号至　号	日至　日 付款凭证 号至　号	日至　日 付款凭证 号至　号	合计	借方	贷方
合　计						

（3）汇总转账凭证的编制方法。在会计实务惯例中，汇总转账凭证一般按现金、银行存款科目以外的贷方科目分别设置，并按其相对应的借方科目归类汇总，月终时计算出合计数，分别记入总分类账中该汇总转账凭证应贷科目的贷方及各个对应科目的借方。其格式如表 9-4 所示。

表 9-4　汇总转账凭证

贷方科目：　　　　年　月　　　　单位：元　　汇转字第　　号

借方科目	金　额				总账页数	
	日至　日 转账凭证 号至　号	日至　日 转账凭证 号至　号	日至　日 转账凭证 号至　号	合计	借方	贷方
合　计						

为了便于汇总转账凭证的编制，在平时编制转账凭证时，应以一借一贷或多借一贷为好，尽量避免一借多贷或多借多贷的转账凭证。如果在某一月份内某一贷方科目的转账凭证不多，可直接根据转账凭证登记总分类账，而不编制汇总转账凭证。

二、汇总记账凭证账务处理程序概述

1. 汇总记账凭证账务处理程序的概念和特点

汇总记账凭证账务处理程序是根据原始凭证或原始凭证汇总表编制记账凭证，定期根据记账凭证分类编制汇总记账凭证，然后根据汇总记账凭证登记总分类账。

汇总记账凭证账务处理程序的特点是先定期将记账凭证汇总编制成各种汇总记账凭证，再根据汇总记账凭证登记总分类账。

2. 汇总记账凭证账务处理程序的核算步骤

汇总记账凭证账务处理程序如图 9-3 所示，汇总记账凭证账务处理程序的核算步骤如下。

（1）根据原始凭证或原始凭证汇总表编制收款凭证、付款凭证和转账凭证。

（2）根据收款凭证、付款凭证及所附原始凭证逐笔顺序登记现金日记账和银行存款日记账。

（3）根据各种记账凭证和原始凭证及原始凭证汇总表登记明细分类账。

（4）根据各种记账凭证编制各种汇总记账凭证。

（5）根据各种汇总记账凭证登记总分类账。

（6）按对账要求，定期将总分类账与日记账、明细账相核对。

（7）期末，根据总分类账和明细分类账编制财务报表。

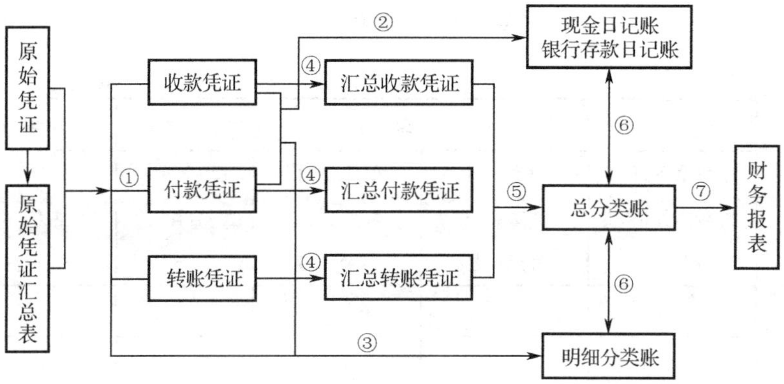

图 9-3　汇总记账凭证账务处理程序

3. 汇总记账凭证账务处理程序的优缺点及适用范围

采用汇总记账凭证账务处理程序的优点是：利用汇总记账凭证，减少了登记总分类账的工作量；另外，由于按照账户的对应关系汇总编制汇总记账凭证，便于了解账户的对应关系，明确地反映出经济业务的来龙去脉，便于查账和用账。缺点是：汇总转账凭证是根据每一贷方会计科目归类汇总的，不考虑经济业务的性质，不利于日常核算工作的合理分工，并且当转账凭证较多时，编制汇总转账凭证的工作量也较大。

因此，汇总记账凭证账务处理程序一般适用于经营规模较大、经济业务量较多的企业。

【知识巩固】

一、单选题

1. 各种账务处理程序之间的主要区别在于（　　）。
A. 原始凭证的种类和格式不同
B. 登记日记账和明细账的程序和方法不同
C. 登记总分类账的程序和方法不同
D. 汇总的记账凭证格式和方法不同

2. 科目汇总表与汇总记账凭证的共同优点是（　　）。
A. 保持账户之间的对应关系　　B. 简化了总分类账的登记工作
C. 进行发生额试算平衡　　D. 总括反映同类经济业务

3. 在科目汇总表核算形式下，记账凭证不可以用来（　　）。
A. 登记总分类账　　B. 登记明细分类账
C. 登记现金日记账　　D. 编制科目汇总表

4. 将所有的记账凭证定期分别按科目列示借方发生额、贷方发生额，编制成汇总表，然后据以登记总分类账的账务处理程序称为（　　）。
A. 汇总记账凭证账务处理程序　　B. 日记总账账务处理程序
C. 记账凭证账务处理程序　　D. 科目汇总表账务处理程序

5. 科目汇总表账务处理程序的主要缺点是（　　）。
A. 登记总分类账的工作量大　　B. 不能进行试算平衡
C. 不能反映账户的对应关系　　D. 不能反映各账户借方、贷方发生额

6. 汇总记账凭证账务处理程序适用的范围是（　　）。
A. 规模较小，经济业务不多　　B. 规模较大，经济业务不多
C. 规模较大，收付款业务较多　　D. 规模较大，转账业务较多

7. 汇总记账凭证账务处理程序的主要缺点是（　　）。
A. 登记总分类账的工作量大　　B. 不利于人员分工
C. 体现不了账户对应关系　　D. 明细账与总分类账无法核对

8. 编制科目汇总表依据的凭证是（　　）。
A. 原始凭证　　B. 汇总原始凭证
C. 记账凭证　　D. 汇总记账凭证

9. 汇总付款凭证的贷方账户可能是（　　）。
A. 应收账款或应付账款　　B. 固定资产或实收资本
C. 管理费用或待摊费用　　D. 库存现金或银行存款
10. 在各种账务处理程序中，最基本的是（　　）。
A. 日记账账务处理程序　　B. 汇总记账凭证账务处理程序
C. 记账凭证账务处理程序　　D. 科目汇总表账务处理程序

二、多选题

1. 会计工作常用的账务处理程序主要有（　　）。
A. 记账凭证账务处理程序
B. 汇总记账凭证账务处理程序
C. 数量金额式日记账账务处理程序
D. 科目汇总表账务处理程序
2. 科学适用的账务处理程序可以（　　）。
A. 节约人力和物力　　B. 不需要编制会计报表
C. 减少会计人员的工作量　　D. 不需要登记总分类账
3. 在各种会计账务处理程序下，登记明细账的依据可能有（　　）。
A. 原始凭证　　B. 汇总原始凭证
C. 记账凭证　　D. 汇总记账凭证
4. 关于记账凭证账务处理程序，下列说法正确的是（　　）。
A. 是最基本的账务处理程序
B. 简单明了，易于理解
C. 登记总分类账的工作量较大
D. 适用于规模较大、经济业务量较多的单位
5. 下列属于科目汇总表账务处理程序的优点的是（　　）。
A. 便于反映各账户间的对应关系　　B. 便于进行试算平衡
C. 便于核对账目　　D. 简化登记总分类账的工作量
6. 各种账务处理程序的相同之处是（　　）。
A. 根据原始凭证编制汇总原始凭证
B. 根据原始凭证、汇总原始凭证和记账凭证登记各种明细分类账
C. 根据收款凭证和付款凭证登记现金、银行存款日记账
D. 根据总分类账和明细分类账编制会计报表
7. 以记账凭证为依据，按有关账户的贷方设置，按借方账户归类的有（　　）。
A. 汇总收款凭证　　B. 汇总转账凭证
C. 汇总付款凭证　　D. 科目汇总表

8．对于汇总记账凭证账务处理程序，下列说法错误的有（ ）。

A．登记总分类账的工作量大

B．不能体现账户之间的对应关系

C．明细分类账与总分类账无法核对

D．当记账凭证较多时，汇总记账凭证的编制工作量较大

三、判断题

1. 编制汇总转账凭证时，转账凭证的填制应以一借多贷或多借多贷的会计分录为主。（ ）

2. 汇总记账凭证账务处理程序既能保持账户的对应关系，又能减少登记总分类账的工作量。（ ）

3．不同的账务处理程序，财务报表的编制依据相同。（ ）

4．汇总记账凭证账务处理程序的缺点在于保持了账户之间的对应关系。（ ）

5．采用汇总记账凭证账务处理程序增加了一道填制汇总记账凭证的工作程序，减少了登记总分类账的工作量。（ ）

参 考 文 献

[1] 葛军. 会计学原理. 5 版. 北京：高等教育出版社，2015.

[2] 张艳萍. 会计学原理与实务. 4 版. 厦门：厦门大学出版社，2018.

[3] 中华会计网校. 会计基础. 北京：高等教育出版社，2016.

[4] 高丹桂. 会计学基础. 北京：清华大学出版社，2018.

[5] 刘桔. 会计学基础. 上海：上海交通大学出版社，2015.

[6] 马涛. 基础会计. 北京：机械工业出版社，2018.

[7] 赵筠. 基础会计. 2 版. 大连：东北财经大学出版社，2011.

[8] 陈丽，李定清. 会计学原理与实务. 2 版. 上海：立信出版社，2017.

[9] 赵丽生. 会计基础. 上海：高等教育出版社上海分社，2014.